A
LONGEVITY

How Great Firms Prosper Through
Entrepreneurial Thinking

[加] 吉姆·德瓦尔德（Jim Dewald）/ 著　　郑罗颖 / 译

你的公司
需要来一次创业

企业长寿的秘诀

ZHEJIANG UNIVERSITY PRESS
浙江大学出版社

推荐序

Recommendation

对我个人而言，选择攻读创业学的工商管理硕士学位是我人生中最正确的一个决定。我大概是第225位从卡尔加里大学工商管理硕士专业毕业的学生，而且据我所知，我是首位从创业学专业毕业的学生。彼时，创业学还是一个刚刚起步的专业，人们并没有对这个专业表现出足够的尊重，甚至并不十分理解这个专业的内涵——创业学就像是商学院里的一匹害群之马。那时，人们只能从电影里看到企业家。对于会计或金融，尤其是银行投资这些严肃的职业来说，学习创业并无必要。

但数十年之后，创业却成了商业领域最广为人知的话题之一，人们甚至会在餐桌上讨论这一话题。

家长和孩子们都很喜欢《龙穴》（*Dragons' Den*）这类电视节目，因为无论年轻一代的职业、受教育程度、种族、宗教信仰如何，这类节目都在他们的心中埋下了一颗种子，让他们相信自己有朝一日也可以经商。创业的复兴对加拿大的未来至关重要，因为它激励了那些希望给生活带来创新的人、希望推动经济增长的人，以及希望推动社会发展的人。

然而不幸的是，一般而言似乎只有在那些所谓的叛逆者和冒险家身上才能看到创业思维，他们愿意为了一个新的想法迈出勇敢的一步，并表现出破釜沉舟的勇气。产生这一现象，在一定程度上，是社会上流行的观点所致。社会上的人往往认为企业家必须要从商学院毕业，学界则往往将创业研究与小型企业联系起来。对此，我并不赞同。与市场营销、公益慈善事业管理一样，创业学是每个人终身都需要学习的一门学问。事实上，我认为这三门学科应该成为学校里的核心课程，从三年级开始直到高等教育结束，无论是技术学院还是大学，都可开设。

创业是一种思维方式。它与创新有关。要说我从我的职业生涯中学到了什么，我想那就是任何人在任何地方都可以拥有、培养并享受的创业思维。无论你是公司员工，还是公司老板、艺术家、电焊工人，或者会计师，你都可以找到创新的方法，并成为创新过程的一部分。有创新精神的思想者通常都会问一个问题："我们如何才能将事情做得更好？"

我获得工商管理硕士学位至今已有三十多年。我一直以来都对关于创业的活动饱含激情。我参与了三季《龙穴》节目的拍摄，并投资、指导了节目中的三十多家企业。我还在全加拿大进行演讲，活动日程较为稳定，观众都是学生或者商界人士。我在演讲中的一个重要提议就是，要资助萨斯喀彻温大学（University of Saskatchewan）的威尔逊创业卓越中心（Wilson Centre for Entrepreneurial Excellence），该中心的宗旨是在所有大学的各个学科内培养并激发学生的创业思维。该中心教授各学科、各年龄层的学生如何在低风险的环境中尝试创新，并将所学知识运用到商业实践中。

我大半生都在探索身为一名企业家需要具备的发自内心的激情与技能，这也是我要大力推荐这本书的原因，这本书阐述了企业应该如何在企业文化中重新激发创业思维，从而实现企业的长寿。吉姆拓展了我们对于创业思维带给社会的价值的理解，他带领我们了解了如何——以及同样重要的，为何要将这一思维运用到商业世界之中。他还正确地指出了企业中不乏不幸丧失创业天性的人这一事实。这些人的注意力通常放在提高效率而非创新上，他们规避风险而非抓住机遇，安稳地追随竞争者而非开辟一条新道路。

如今，越来越多的人对创业产生了浓厚的兴趣，吉姆认为，公司的董事会也迫切需要这样的激情。他清楚地阐述了，鼓励并促进从前台到高管所有人都要具备创业思维，这一企业文化从长远来看对公司有何积极影响。他对如何形成这种文化，以及可能阻碍这种文化形成的因素都有着深刻的理解。这些理解十分有趣，而且具有较强的可实践性，对于任何希望超越现状的企业领导者来说都是十分宝贵的。

　　吉姆的这本书呼吁企业领导者放弃因循守旧的做法，将注意力转移到如何运用自己的丰富资源、能力来获得更好的发展上。对于所有致力于公司持久发展的企业家（我们中的大部分都属于这类人）来说，吉姆道出了真相：过于僵化会阻碍发展，只有保持灵活并且行动果决，才能维持竞争优势。创业思维就能孕育这种保持灵活的能力；它能使企业更富创新力，拥有更强的适应市场与科技变化的能力，能对客户的需求做出更快的反应，并能使企业在较长时间中存活下来，且不断发展壮大。丰富的创业思维也有利于加拿大本国能源产业的发展。这一产业具有创新的传统，而我们需要激励这种创新，使其延续下去。

　　吉姆提到的案例十分具有说服力，你甚至会疑惑为何会有企业不在每一层级鼓励创业与创新精神。除了有助于实现企业的长寿，创业思维也很有趣！创业思维能使人们进行探索，拥有创造力，敢于承担风险，与别人合作，以及在此过程中，让企业乃至全世界都变得更加富裕。如果你好奇企业家是天生的还是后天造就的，那么吉姆的这本书会告诉你答案——都是！

威廉·布雷特·威尔逊（W. Brett Wilson）
（企业家、慈善家、《龙穴》节目荣誉评委）
2015 年 10 月

致谢
Acknowledgments

写书是项艰巨的任务，需要许多人的帮助与支持。首先，我想感谢我的家人——我的妻子克莉丝，我的儿子马特、女儿达尼亚，我的父亲亨利，他们一直以来都坚定地支持着我。

系主任的工作十分繁重，如果没有阿兰·韦伯克教授的支持和鼓励，我肯定无法完成本书。一直以来，阿兰为我提供了大量的指导和建议，这些指导和建议十分真诚，也十分宝贵。非常感谢。

多伦多大学出版社团队也为我提供了大量的帮助，十分感谢！除此之外，迈克·哈弗林为我提供了十分重要的指导，而且他在审读了较早版本的手稿之后对我进行了再次指导。莱斯利·康威、彼得·特

1

扎基安、马克·范维林根和布雷特·威尔逊也在早期审读并评论了稿件，为我提供了一些精彩的、宝贵的意见。感谢你们的付出，这对我来说非常重要。

我很幸运能在哈斯卡耶商学院（Haskayne School of Business）拥有一支优秀的团队，要感谢的人有很多，谢谢你们的支持与指导。我尤其想在这里提到亨特创业创新中心（Hunter Centre for Entrepreneurship and Innovation）这一团队，他们做了许多开创性工作，团队成员有中心主任金·纽顿思、加拿大皇家银行授课教授德里克·哈赛、伊丽莎白·艾伦、凯万·科伊尔、休斯顿·佩施尔，以及鲍勃·舒尔茨。这支优秀的队伍也得益于一流顾问专家组的指导，专家组的成员有道格·亨特、德里克·亨特、韦恩·哈努赛特、基思·布朗、杰夫·博伊德，以及查理·洛克。

一直以来，哈斯卡耶商学院的领导们也为我提供了不少支持。在写这本书的时候，我也得到了罗兰·法尔肯伯格、金·卡达茨、弗恩·琼斯、谢里·韦弗、史考特·雷德福、迈克·怀特、克里斯塔·拉森和布里·奥斯丁的大量帮助。运用创业思维的艺术需要高超的领导力，这也在詹妮·克兰、皮尔斯·斯蒂尔及斯特拉·乔治领导的加拿大高级商业领导力中心（Canadian Centre for Advanced Leadership in Business）中得以体现。

我还想感谢刚刚获得工商管理学硕士学位的苏密特·梅塔，他在本项目中担任研究助理。

目 录
Contents

促进企业长寿的框架

— 第二部分 —

引言

Introduction

我之所以想写这本书，是因为我对商界十分担忧，尤其是对企业领导者十分担忧。他们已经丧失了至关重要的创业精神，这一精神在过去推动着企业的成长和繁荣。在北美等成熟的经济体系中，企业领导者已经丧失了对创业的渴望，公司也转而选择互相效仿。此类做法不仅已被广泛接受，而且还借由管理理论与投资需求得到了推广。

　　效仿其他公司从短期来看存在一些好处，这对公司而言十分具有吸引力。效仿其他公司能够将风险最小化，具有一定程度的舒适性与可靠性，且似乎能促进市场的稳定与繁荣。然而，这一感觉并不符合客观事实，从长期来看尤其如此。更加令人担忧的是，随着企业领导者慢慢陷入舒适赢利这一幻象，当真正的变革来临时，他们很容易就会措手不及。

　　你也许会问："如果我们当下经历的变革都不算真正的变革，

那什么才算是真正的变革呢？"当然，你手上最新款的苹果手机可能拥有先进的功能，关注最时尚的社交媒体潮流可能占据了你大量的时间，但从历史的角度来看，我们现在经历的并非根本性的变革，根本性的变革指的是那些能够影响我们日常生活方式的变革。上一次根本性的变革发生在 60 至 100 年前，汽车、飞机和电话机的出现而导致的运输费用的下降，以及电器的普及所带来的便利，使人类的生活发生了质的改变。这些改变推动了 20 世纪的经济增长，但是这一系列的变革已接近尾声。我们也许会感觉当下正在经历大量而又快速的改变，但是我们的看法只是相对而言的。我们看到的当下的改变其实只是效率、利用率和商品化程度的提高。相关内容会在第一章中详细展开，第一章将详述曾经经历的以及未来的发展方向。

在公司方面，我与上百位首席执行官打过交道，我发现他们所做的最重要的一件事情就是尽最大努力领导自己的组织实现可持续发展，并为公司的后来者留下财富或平台，以便在自己退休后的很长一段时间内，企业的成功能够继续下去。他们追求的是企业的长寿。然而，事实表明，企业的长寿并不多见。在第三章中，我将用事实证明，大部分公司的寿命仅有普通人一生中工作时间的几分之一长。这一事实与公司领导者的愿望形成了鲜明的对比。那么，为什么会这样呢？怎么做才能扭转这一事实呢？

在构思此书之时，我希望更好地理解企业如何实现长寿，这种长寿是指企业在创始人、任何一位领导者或者任何一个领导团队的带领下都能长期延续下来。商科教授和公司策略领域的教授（其中也包括我）研究并讲授如何实现拥有持续竞争优势这一目标。实现这一目标需要宏伟的规划和具体的战略，这些规划和战略吸引着最富有经验的领导者以及领导团队。通过反思，我发现构建持续竞争优势这一概念对学习而言是有用的，但不幸的是，除此之外我并不相信这一概念有何其他用处。事实并无法证明获得持续竞争优势是一条通往企业长寿的途径。不过，我观察到的是，创新与创业思维能够为企业的长寿埋下一颗种子，因为创新与创业思维能使企业对自身以及商业战略进行调整，从而适应市场、科技、社会以及文化的变革。

目前的情况就是如此。人们一般认为：（1）当今世界的变革十分迅速（有人说当今变革的速度是前所未有的）；（2）企业实现长寿的最佳途径就是拥有持续竞争优势。相反，我认为：（1）我们当下经历的变革的幅度小得有些危险，在这些变革所推动的商品化中，提高效率与节约成本比创新带来的回报更多；（2）无论变革的速度如何，企业要想长寿，企业家必须具备创业思维，并培养员工的能力，鼓励创新。

在本书中，我用详细的论据证明了上述观点，而这些观点最终有助于企业实现长寿这一宏伟的目标。有人可能会说，企业的长寿就其本身而言可能并不符合社会的最佳利益。换句话说，企业的长寿能够尽可能服务于社会吗？我并不知道这个问题的答案。虽然这个问题值得讨论，但是我还是希望你能接受企业领导者具有利他行为这一观点，因为他们在寻求企业长寿的同时也为人们提供了工作机会，并促进了经济的增长，还带来了社会与经济方面的许多其他好处。

人人都谈创业学

作为商学院的系主任，我能够看到大部分课程发展的趋势。如今，商学院中最热门的话题就是创业学。每年都有大量的创业学及相关主题的书出版。"中心""精益""指数""适时"等流行词也不断进入我们的对话之中，让我们不禁认为创业学很迷人。白手起家的故事甚至还吸引了好莱坞的创作者。我觉得这是一个好现象，它能让人充满动力，但是我们必须警惕：不是每个在车库里创业的小公司都能发展成为下一个谷歌或脸书公司。这种情况发生的概率实在太低。

与此同时，我必须承认，至少在学术方面，我们对创业学的理解已经取得了显著的进步。大部分有关创业学的著作、理论与课程不再关注不切实际的猜想；我们不再将一些罕见的性格特征视为企业家获得创业成功的必备因素。一部畅销的小说可能会将成功的企业家刻画成一个勇敢、喜欢社交、以自我为中心的人，但这种观点经不起实践以及循证研究的检验。

我们之所以要警惕是因为：许多作者似乎下定决心要为读者提供一个成功的"公式"——"先做这个，接着再干那个，然后噌的一下，你就变成富翁了"。这个趋势有点令人不安，因为它将一个错误的理论，即只有部分性格可以使人们成为成功的企业家，替换为另一个错误的理论，即这个世界上存在一个可以确保人们成功的神奇公式。事实上，同其他的人类现象一样，创业是复杂的、不确定的，它需要创造力、大量的知识储备、灵活性、适应性、判断力、行动力、在正确的时间采取正确行动的能力、胆量，以及些许运气。很抱歉我不得不提醒你，如果你希望从书里看到三步快速致富的公式，那么本书并不适合你。

成功来自于把握正确的方向、树立正确的目标、勇于承担繁重的工作，以及坚持不懈地努力。世界上没有两个企业是一模一样的，我的目标就在于提供一套有建设性的体系，使其能够融合每个企业的独特之处。企业的长寿来自于其独特的优势、与市场机遇的结合，也来自于对市场变化的适应能力。通过仔细考察许多已经实现长寿的企业，以及对企业的决策行为和动机理论进行研究，我构建了一套体系，希望能够帮助企业寻找并开拓一条独特的、能够实现长寿的道路。

我将在此展现我所构建的体系。

为使这一话题更加吸引人，请你试想一下，企业的长期生存——比如说，企业的寿命超过几代人，甚至超过一个世纪——并非取决于一些特定的、罕见的、持续的竞争优势，而是取决于通过创业以适应不断发展的市场、科技、社会文化环境的能力。为了生存，企业必须变得灵活。这也许反映了进化理论，对此我并不确定，但我们绝对能通过对伟大企业的观察得出上述结论。

因此，本书主要讨论了公司的创业。我发现一个有趣的现象，即公司天然都有能力以及充足的资源成为一个成功的创业型企业——它们有资金、创意、人才、领导能力、销售渠道、供应商、研究设备、客户、社会地位等。简而言之，现有的公司已基本具备追求成功创业所需的全部要素。那么，为何它们没有更多地进行创业呢？这是因为企业家面临着许多制度障碍，包括僵化的战略规划、规避风险的决策程序、限制行为的规则，以及公司内部和社会对错误的较低的包容度。也就是说，公司已经具备了能力与资源，但它们缺少创业所需的过程。不过，这个问题是可以解决的。

由于市场对因尝试新想法而失败的公司的包容度很低，因此创业的风险极大。一个创业的个体可能会面临失败，但是他的公司会变得更稳定，并会平稳过渡到下一阶段，继而再过渡到下一阶段，以此类推。

在本书中，我将探究三个不同的问题，并对它们加以解决：

● 是什么促使人们重新关注创业，特别是企业的创业？我们现在正在踏入一个新的时代，而企业创业对这个时代而言，至少对短期的成功而言，是否会成为一个必不可少的要素？

● 现有的企业如何在创业素质方面做好最佳准备？

● 有哪些创业的陷阱或障碍，以及公司和管理者如何才能更好地应对预料之外的隐患？

以史为鉴，我们发现，公司在一开始是有特定期限的，它们是为完成一些特许项目而成立的，这些项目包括桥梁、水坝或发电厂的建造工程等。令人惊讶的是，当前公司的寿命甚至比 17 世纪特许运营的公司的寿命还要短。在 17 世纪，法律规定限制了公司的寿命；今天，市场调节作用对公司寿命的限制则更甚。

许多公司的迅速失败在很大程度上要归咎于公司对效率的追求——效率在很大程度上已被制度化，以至于大多数企业领导者甚至没有意识到宏观层面的转变。只有当我们回顾往昔，研究过去 125 年内所发生的经济转型时，我们才能预见未来的发展趋势（见第一章）。在本书中我将提供证据来证明现有发展道路，即追求更高的效率，最终将导致公司的毁灭。更具体地说，如今，我们很容易就能证明，只知道与对手竞争的公司一定会面临毁灭的风险。这就是我认为创业对于企业领导者与管理者而言至关重要的一大原因。

下面，请让我更加直观地描述一下反馈周期，这一周期导致了企业从灵活创业到执行僵化的战略规划的转变，随后也导致了更多对创业思维的需求（这一点将在后面的内容中详细展开）。

- 第一阶段的问题：管理者效仿他们的竞争对手。他们之所以这么做，是因为这一做法能得到分析师、金融家以及股东的认可并获得回报。商学院甚至还研究并传授相关做法。①

- 第二阶段的问题：企业面临失败。之所以如此，是因为企业

---

① 在这里，我指的是制度理论，这一理论引领了组织研究。

之间互相效仿，因此当市场、科技或经济条件发生改变时，企业就会发现自身难以做出调整。

● 第三阶段的问题：在观察的基础上进行管理研究与教育。这意味着教育会一直在第一阶段与第三阶段之间循环，处于一场逐底竞争之中。①

更糟糕的是，在过去的一个世纪中，企业因为对效率的过度关注而丧失了资源方面的优势。这导致了企业创新能力与适应能力的降低甚至消失。由于成本的削减，企业不再学习或展现创新能力，它们转而追求可持续竞争优势，不断寻求核心能力、宝贵的稀缺资源、刺猬效应② 等。发展资源优势虽然能够带来不错的经济效益，但这也只是一时的，并不能长久。

公正地说，企业领导者都知道，一定量的变化是在所难免的；他们意识到竞争环境会随着市场需求、科技、文化与社会价值的改变而改变。但是，我要强调的是，专注于一个已经认识到的、以资

---

① 许多作者将商品化的影响描述为"逐底竞争"，因为为了获得一定的市场份额、实现规模经济，利润空间会持续缩小。例如，栉田健儿（Kenji Kushida，斯坦福大学）、乔纳森·莫里（Jonathan Murray, Innovia Ventures 公司）和约翰·齐斯曼（John Zysman，加州大学伯克利分校）认为，云计算为我们带来了大量的能力，使"基于价值的差异化"向商品化转变。鉴于定价与利润率，作者们将这一转变称为"逐底竞争"。Kenji Kushida, Jonathan Murray, John Zysman. Cloud Computing: From Scarcity to Abundance. *Journal of Industry, Competition, and Trade*, 2015(1):5–19.

② "刺猬理论"来源于一则古希腊寓言：狐狸用偷袭、装死等许多方法试图抓到刺猬，但最终都只能无功而返，因为刺猬懂得如何完美地做好一件事——蜷缩起来，保护自己。哲学家以赛亚·柏林（Isaiah Berlin）由此受到启发，他发现，刺猬能将复杂的世界简化为有组织性的观点、一条基本原则或一个基本理念，从而发挥作用、成功御敌。吉姆·柯林斯则进一步发展了这一理论，他提出，只专注于一件事的企业更能成功，通过专注于一种行为，他们能击败对手，成为真正伟大的公司。——译者注

源为基础的持续竞争优势只会带来一个结果，那就是丧失适应能力，最后导致失败。

为实现长寿的目标，适应变化的环境，企业必须采取创业思维，构建创业文化，落实战略创业。本书综合考虑了上面提到的挑战，同时也呼吁企业采取创业思维，因为这是企业长寿与成功的基石。图 0.1 展现了两种可供选择的方式——僵化的战略规划，或灵活的战略创业。

为使读者跟上我的思路，我将在书中多处提到这张图。选择战略规划方式与选择战略创业方式之间可能存在鲜明对比，虽然图 0.1 简化了企业领导者所面临的选择，但它对于理解这一对比具有一定的帮助与启发。本书的第二章将详细描述这张图，不过，我在这里对此先做一番简单的介绍。

图 0.1 的左侧展示了商学院的战略管理模式。无论是营利性组织还是非营利组织，几乎所有组织都会完全按照该模式对战略管理进行应用，其目标就在于寻求一种战略匹配，也就是将组织的资源、能力及各项程序与外部环境中的经济、社会文化、科技方面的挑战和机遇相匹配。它可以被称为企业的"储备"，也就是企业立足之本。

相比之下，人们较少提及的就是"流动"，即组织的发展方向，而这正是本书关注的主要内容：在寻求当下的战略匹配之外，企业应如何寻求未来的战略匹配？对于追求企业的长寿而言，做到这一点至关重要。

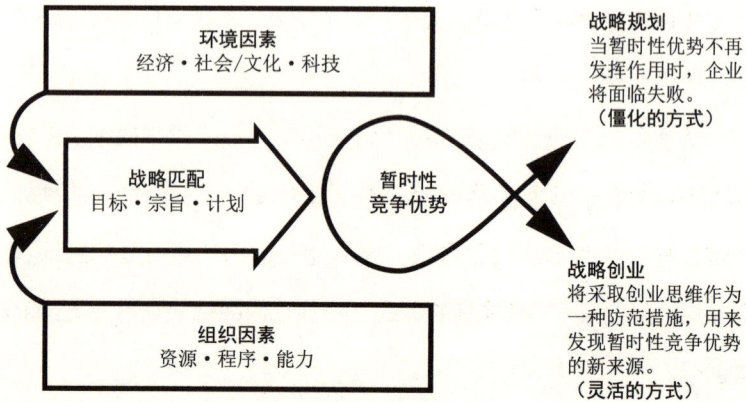

图 0.1　战略规划方式与战略创业方式的模型

我的故事

通过一系列的研究（主要是关于颠覆性创新对战略决策的影响）、教学（大多数是与经验丰富的企业领导者一起进行的高管教育或工商管理项目的教育）以及自己从商界中获得的经验，我逐渐意识到企业既需要稳定性，又需要灵活性。在商业或学术方面，我的故事涵盖了过往的三十五年，用"突破常规"来描述可能更为合适。事实上，从人生的前四十五年来看，我从来不觉得自己有能力或有可能有朝一日成为一名教授，更不必说成为商学院的系主任了。但今天我却走到了这一步，并因需要应对挑战而充满了活力，虽然有时也会感到不知所措。不过，令我高兴的是，世界各地的商学院正在让我们的学生，也就是未来商界的领导者做出改变。

我从事的职业领域包括工程业（在这份工作中，我升任公司的首席执行官,并成为一家咨询公司的合伙人)、银行业(通过相关工作,我学会了如何为复杂的大型工程筹措资金),以及房地产开发行业(我担任两大房地产公司的首席执行官,因此可以拓展自己有关创造力方面的能力,并进行各项创新实验,这些创新项目有些成功,有些失败)。四十五岁的时候,我攻读了博士学位,并在五十岁生日的前一个月毕了业。从商业的角度来说,我年轻时就获得了成功;从学术的角度而言,我更像是一件未完成的作品。

我对创业的认知来自于我的家庭背景,因为我成长于一个充满创业氛围的家庭之中。我的父亲和他的兄弟合伙开办了一家建筑公司。事实上,我父亲的四个兄弟和他一样,都属于自雇职业者。父亲的三位连襟亦是如此。我认为,我能在商业领域获得成功的一大原因就在于这一家庭背景,这导致了我看待风险的方式与其他人不同。一般来说,在进行实验、尝试新方法以解决变动的消费需求与应对运营方面的挑战时,我会比大部分人更加激动。我发现几乎总有新方法能够解决以前的问题。这也反映在下面这段带有挑衅意味的话中。在这段话里,纳西姆·尼古拉斯·塔勒布(Nassim Nicholas Taleb)嘲弄了 20 世纪中期的人们,那时人们苦于扛着行李穿梭于拥挤的机场之中。

我突然意识到我们的想象力是何等的匮乏:我们过去一直把行李箱放在底部装有轮子的推车上面,但没有人想到可以直接在行李箱下面装几个小轮子。你能想象吗?轮子在其被发明近 6000 年(我们一般认为轮子是美索不达米亚人发明的)之后才实现了这一天才般的应用（在某片工业区中的行李箱制造商想到了这一主意）。①

我早年在房地产开发行业的工作经历也涉及一些小规模的创新，其中一个案例就是饮用水管道和排污管道工程的建设。由于每年都会经历结冰和解冰，这些公用管道几年之后就会下沉一些，因此房地产开发商不得不每隔几年投入一大笔费用用于管道维修。从前这一现象在加拿大十分常见，因为加拿大冬季降雪丰富，冰冻天气也很多。长此以往，业内人士渐渐认为这笔额外的维修费用是必需的开销。虽然在经过景观美化的区域中，我们可以在沟渠中铺设管道，这样很容易就能完成修复，但在大多数情况下，公用管道是安装在道路铺面之下的。尽管一般承包商会尽可能地压实土壤，但两年之后管道仍然需要维修，这就意味着要挖开路面，重新压实土壤，并重新铺设道路。这一做法开销很大，且给人们带来不便。

有一次，我们公司的工程顾问哈罗德·佩兰（Harold Perrin）向我指出，如果把更多的土壤填入空旷的低洼地区，沉降问题就会减少不少。这主要有两大原因：（1）承包商在空旷地带可以使用更大、更重的压实机械，从而将土壤压得更为紧实；（2）在空旷地带使用黏土填料可以消除管道边缘的状况，这些状况正是导致不均匀沉降的原因，而不均匀沉降又会造成各种问题。上述观察结果指向一种全新的、需要更多前期投入的解决措施：从路面往下挖约 1.5 米深、

---

① Nassim Nicholas Taleb. *Antifragile: Things That Gain from Disorder*. New York: Random House, 2014:187.

14

与整条街道同样宽的沟渠，而非狭窄的沟渠，如已有相应大小的沟渠，则不要对其进行填充，随后使用更重的机械来压实土壤。如果实施这一措施后沉降问题未得到改善，公司将预付更多的费用。也就是说，为使这笔额外的开销变得值得，沉降的情况必须得到改善。

我向富有经验且德高望重的业界领袖大卫·哈维（David Harvie）汇报了上述情况，他思想很开放，因此很支持这一做法。于是，我们在这项创新措施上投入了资金。我们的公司卡玛开发公司（Carma Developers）的确在前期经历了费用的上涨——我记得上涨幅度大约为3%至5%。但在几年之后，我们却省下了一大笔资金——大约为施工后维修费用的50%。这一做法现在已成为行业标准。另外，之前的老派做法是开凿多条狭窄的沟渠，每条中都会铺设一条管道，而如今为了能够同时容纳各类管道，沟渠也变得更加宽阔。

当我回顾这一成功案例时，我意识到工程顾问哈罗德的想法来自于多年以前一家先进的承包公司博格建筑（Borger Construction）的创意。然而，由于这一创意十分新颖、未经验证，且需要额外的前期投入，因此没有客户愿意对此进行尝试。这些客户看到的是这一方法失败的风险，然而事实上，不采用这一可以带来竞争优势的做法才是真正的风险所在。我了解到，我们的一名竞争对手也主动出击，采纳了另一位工程顾问弗雷德·巴特尔（Fred Battle）的建议。这一情况以及之后的其他事件让我认识到，与采用新措施相比，效仿竞争对手对管理者及其他员工而言要轻松得多，且他们需要承担的风险也更低。各类事件屡次证明了这一结论的正确性。即使新措施能为公司带来竞争优势，公司也倾向于采取竞争对手的做法。

事实上，这一现象背后有一套完整的研究理论，也就是制度理论。这一理论探讨了公司是如何对其他公司进行模仿的。其中一条研究结论就是：许多行政决策是在效仿竞争对手，尤其是行业领袖的基础上进行的。另外，在很大程度上，与组织结构、会计制度、环境制度、分销渠道、定价策略、营销手段甚至组织文化有关的大量重要决策会受到管理者所关注的焦点的影响，而这些被关注的焦点在公司的竞争对手看来往往是正当的。我对这一理论的研究者并没有意见——事实上，他们的研究工作十分精细、严谨——但一想到大型公司高管的战略决策是在效仿竞争对手的情况下做出的，我们难免会感到十分失望。这一有关商界领导者的论述难道不令人沮丧吗？

此外，在我们进行下一步讨论之前，我得承认：（1）对一个公司来说，创新并不总是最好的方法；（2）创新会存在许多障碍（这将在本书的后面内容中提及）。不幸的是，我虽然在过去的许多年里实施了几项自己的创业计划，但并未能克服所有的障碍。

切入正题

本书共由三部分组成。在第一部分中，我们将探讨变化的（或者说没有那么大变化的）经济环境，以及战略和创业思维对公司的长寿或失败的影响。

其中，第一章描述了过去一百年中我们所经历的科技与市场的变化，以及变化或缺少变化对管理教育和奖励机制的影响。在第二章中，我们将注意力更多地集中在商业公司之上，并对战略这一管理工具、创业这一文化导向与过程，以及长寿这一结果之间的联系进行考察。第一部分的结尾处提到了一些业内的观察，并更为直接地阐述了对商业公司几乎不可避免的失败的考量。似乎我们在大多数情况下看到的是市场机制在经济方面的成功，而往往会忽略几乎所有个人公司都会迅速面临失败这一事实。

本书的第二部分深入地探讨了战略创业与创业思维。第四章至第七章全面地证明了创业思维模式在理论层面的有效性，这涉及了本书的中心论点。然后，我探究了现代组织应如何采取更符合创业精神的决策方式与战略发展方式的问题。第四章加深了对于企业创业与长寿之间的关系的理解。之后，我考察了创业思维的微观基础，其中包括对于思维模式的分析（见第五章），以及对于创业思维的动机模型的分析（见第六章）。最后，第七章为创业组织提供了一个理论框架。

回顾以往观察到的案例，第三部分——更确切地说是第八章——整合了双重决策程序、创业思维和战略创业的理论框架，从而发展出一套关于伟大的企业如何实现长寿的理念。在第九章中，我将探索许多（甚至是大多数）商业公司存在的障碍，这些障碍会限制公司的创业潜力。每个组织最开始都有一套自己的思维模式，而每位客户都有自己的思考角度，两者之间的差异甚至可能会导致最好的创意付诸东流。研究表明，建立一家强大的公司这一目标会对开发新的风险项目这一想法形成阻力。管理者必须意识到这一阻力的根源，并有意识地解决这些问题。

在引言的结尾部分，我将对本书进行概述：本书关注的是创业思维（基础）、企业创业（行为）、战略创业（过程）以及企业长寿（结果）之间的联系。我想赞美团队创业的力量，在这种情况下人们会将他们的激情点燃起来，建立组织，通力合作，并不断在其他人的生活中发挥独特的作用。在我看来，世界上很少存在比为了创业而通力合作更高尚的行为，因为这一行为能为我们带来目标与价值，能够对其他人产生积极的影响。这一行为为生命本身带来了意义。这就是我对创业思维以及本书所传递的信息饱含激情的原因。我由衷地希望本书能帮助你为他人带来价值和意义。

第一部分

当今的世界

第一章

大变革时代的幻觉

> 对于出生于 1860 年、活到 70 岁的人而言，在他们成长的世界中，出行靠的是马匹，照明靠的是蜡烛，食品保存靠的是盐渍与罐装，通信靠的是电报。当他们逝世时，世界上已经有了汽车、飞机、电灯、电冰箱、电话机、录音机、电影……与他们生活的年代相比，我们会疑惑，为何当下的发展显得如此微不足道。
>
> ——马克·休伯特（Mark Huberty）①

你在下次演讲时不妨尝试将以下问题作为开场白："你觉得事物发展的速度比你接收的速度更快吗？当你每次回头看时都会有新鲜事物让你措手不及吗？告诉我，你觉得当前世界的变化比以往任何时候的变化都要快吗？如果你认为答案是肯定的，请举手或鼓掌。"

当我提出这些问题时，听众们会表现出浓厚的兴趣。他们强烈

---

① Mark Huberty. Awaiting the Second Big Data Revolution: From Digital Noise to Value Creation. *Journal of Industry, Competition, and Trade*, 2015(1):35-47.

地赞同变化就在我们身边的观点，并认为与时俱进需要消耗我们大量的时间与精力。我们常常会将 20 世纪与 21 世纪初期浪漫化，认为这是一个变革的时代。但是，这真的是一个变革的时代吗？

对于这一观点，我深表怀疑，因为事实上，20 世纪大部分时期都与吉姆·柯林斯（Jim Collins）《从优秀到卓越》（*Good to Great*）一书中所描述的"飞轮效应"有关。实际上，在 20 世纪较为繁荣的年代与 21 世纪早期，我们所做的都是为了提高已知产品的效率，这使我们的生活方式与大约 60 年前的生活方式相一致。正如上文引用的那样，马克·休伯特在加州大学伯克利分校的国际经济学圆桌会议上指出："我们会疑惑，为何当下的发展显得如此微不足道。"

20 世纪上半叶，专家与知识分子纷纷对大变革进行美好的展望，宣称每周工作更短的时间，拥有更多的休闲与交际时间，以及采取更为宽松的管理模式等举措可使我们的生活方式发生转变。然而事实上，从大变革时代到今天，虽然我们一直都侧重于使产品变得更快、更小、更廉价、更便捷，但从本质上来说，我们使用的仍是同种产品，采取的也仍是相同的生活、工作与休闲模式。

下面，我将进行一个简单的对比。20 世纪早期，我的祖父母举家从美国堪萨斯州迁往加拿大。搬家时他们坐的是棚车，人和家禽家畜待在同一节车厢里。为了防止人和动物冻死，车上生了火，而食物的储存与食用则采取最为原始的方式。洗手间就更不必提了。下了棚车，全家人乘着马车到了农庄，之后就住在农庄的棚屋里。

直到有了一定的能力，全家人才开始一砖一瓦地建起了一座房子。每一天，他们都面临着生存问题的考验。

再往下一代，情况就发生了巨大的变化。与我或我的孩子相同，我父亲在搬家时是由专业的搬家工人用搬运车来运送物品的，而我们则是坐在私家车或者商用飞机里尾随其后。在最近的约 70 年时间里，大多数人都住在现代化的房子里，且房子里有中央供暖系统、电气设备、私人有线电话服务，此外还能享受到市政服务（道路、饮用水、公园、学校等）。不光市区，镇子里也是这样。在我祖父的一生中，他既经历过没有机动车的年代，也经历过有波音 737 喷气式飞机（现在此型号的飞机仍是主要的商用飞机）的年代，并见证了人类登月。在我的人生中，我们大部分情况下都乘坐私家车出行，车速基本相同，行驶的道路也大多一样；我们会乘坐商用飞机飞往远方；住房里设施基本齐全；购物的时候，我们会去超市；与人远程交流，我们大多会使用电话……我和我祖父所经历的变化的区别就在于，我祖父一生中所经历的变化可以被称为共性技术范式的变革，但我所经历的变化却并非如此，有可能你所经历的变化也是这样。你可以将此视为一种有关变化的对比。这一对比意义深远，且令人震撼。

为了能够更好地理解我们在过去的约 50 年间所观察到的现象，我用以下框架来描述变化的基本阶段：

- 共性技术（General Purpose Technology, GPT）[1] 发明。共性技术这一术语是由经济学家创造的，它指的是能为互补性创新提供平台的普遍存在的技术。这些互补性创新是能促进"中断或加速经济发展一般进程"的变革。[2]

- 共性技术创新。共性技术创新反映了来源于共性技术制度化或合法化的二阶创新。当基于共性技术的衍生创新变成互补性创新或高阶创新，对企业和社会产生商业价值与利用价值时，共性技术创新可能会经历一段下降时期。

- 共性技术大众化。共性技术大众化反映了创新的爆发性成长阶段。在这一阶段中，创新变得可以让整个社会随意使用，甚至变得无所不在。

- 共性技术开发。在这一阶段，大众化的创新会提高效率并加以改进，从而使技术与产品变得更快、更小或更便利。

- 共性技术商品化。这一阶段的关注点在于降低技术与产品的价格，反映了技术与产品独特价值的丧失，其实用性也降低到基本水平。

因为上述框架略微受到了 S 曲线与技术生命周期的启发，所以

---

[1] 更多有关共性技术的信息请见：E. Brynjolfsson, A. McAfee. Race Against the Machine: How the Digital Revolution Is Accelerating Innovation, Driving Productivity, and Irreversibly Transforming Employment and the Economy, MIT Centre for Digital Business, 2012.

[2] E. Brynjolfsson, A. McAfee. Race Against the Machine: How the Digital Revolution Is Accelerating Innovation, Driving Productivity, and Irreversibly Transforming Employment and the Economy, MIT Centre for Digital Business, 2012.

你可能会感觉似曾相识。但是，这一框架的各个阶段发生的规模更大。相比之下，技术生命周期描述了产品的销售量随时间发生的变化，并突出了发明阶段（发明阶段与共性技术的发明相类似）的作用，它会导致复制与改进（对应创新），之后依次经历成熟（对应大众化）与稳定化（对应开发）阶段，最后是衰退（对应商品化）阶段。

　　按照共性技术的定义，我用上述框架对已使世界发生改变的发明进行了评估。生命科学网①评选出了人类历史上排名前十的发明，其中包括轮子（发明于公元前 3500 年）、钉子（发明于约 2000 年前）、指南针（发明于 9 至 11 世纪）和印刷机（发明于 1440 年）。我们可以认为这十大发明是有史以来真正改变了游戏规则的发明，是对范式进行了改变的发明。

　　有趣的是，在人类历史上，20 世纪之所以独特，是因为它受到了 19 世纪末以来三项重大发明的影响，这三项发明分别是灯泡、电话机与内燃机。

　　灯泡的发明促进了电的大众化与开发，而电无疑属于共性技术的范畴。类似地，电话机促进了电话线进入家庭与企业的过程，对互联网与电视等通信方式产生了深远的影响。内燃机这一共性技术也促进了许多产品与技术的发明，从根本上改变了人类的流动方式。上述三大发明都引导人们进入创新、大众化与开发这三个重要的阶段。

　　图 1.1 描述了电、电话机与汽车的使用，对 20 世纪中创新、大众化、开发与商品化各阶段进行了初步的阐述。无论我们关注电、

---

① http://www.livescience.com/33749-top-10-inventions-changed-world.html

电话机，还是汽车，关系都不大，因为图案几乎是一样的。与不同之处相比，各条曲线的形状之间存在更多的相似之处。不过，一个显著的区别就在于，第二次世界大战对电话机与汽车大众化的阻碍的影响不同，但除此之外，从时间与形状来看，图案几乎都是相同的。

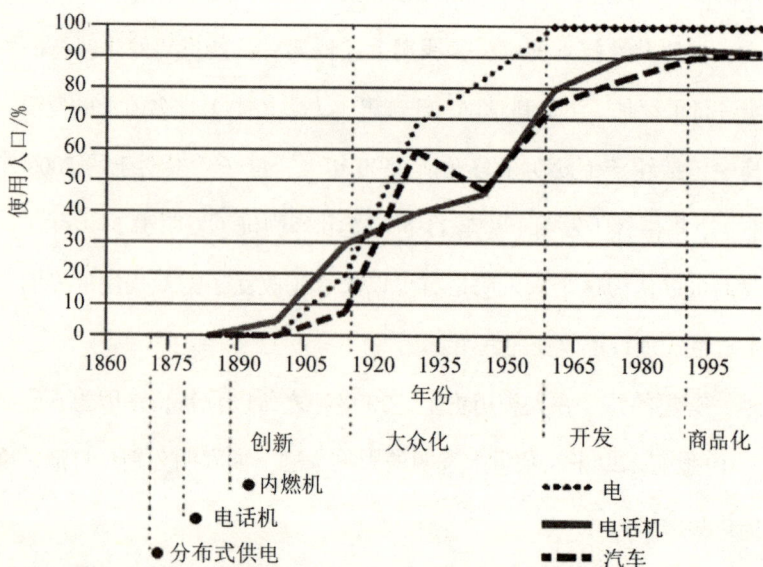

图 1.1　电、电话机、汽车的使用情况[①]

　　需要说明的是，"发明"与"创新"在学术界中是两个不同的术语，无论经济学、管理学还是科技领域，皆是如此。"发明"指的是新事物的创造、重组与发现。"创新"指的是一项发明最初的商业化。

①　改编自：Rita McGrath. The Pace of Technology Adoption Is Speeding Up. *Harvard Business Review*, http://blogs.hbr.org/2013/11/the-pace-of-technology-adoption-is-speedingup. 丽塔·麦格拉思表示，她的图表包含来自《纽约时报》迈克尔·费尔顿（Michael Felton）的原始数据。

以药物为例，青霉素是一项伟大的医学发明，而青霉素作为抗生素的创新就是青霉素这项发明的商业化结果。同理，聚合物的发明带来了塑料容器与合成布料等许多东西的创新。

"大众化"指的是企业家与管理者对技术的应用，这些应用能够获得规模经济与范围经济的优势，并使产品更廉价、使用更便捷，从而能扩大使用人群。"开发"指的是产品或服务的持续完善，这会使相同的服务或商品变得更快、更小、更轻或更便利。最后，在"商品化"阶段中，服务与产品的价格变得更低。由于服务与产品丧失了其独特性，价格之战便打响了，一些服务与产品甚至可以免费使用。商品化阶段，收益与财务利润都降至最低，相应地，留给产品与服务的研发经费就变得很少。也就是说，产品已被标准化，并被剥夺了任何差异化或增加独特价值的机会，最后只剩效率与规模经济来主导竞争行为与竞争战略。令人忧虑的是，一个产品的商品化程度越高，公司在下一项共性技术的发明与创新方面投入的资源就越少。

为了更方便地理解从创新到大众化的转变，我们不妨联想一下内燃机的发明。内燃机促进了汽车的创新（内燃机还促进了许多其他创新，最著名的有飞机、重型机械和割草机等）。20世纪初已有成千上万辆汽车，而且汽车制造商也已有数千家。虽然汽车现在随处可见，但在20世纪初它还属于定制产品，只有社会中最富裕的家庭才买得起。一个产品由单一的阶级独享，说明它处于创新而非大众化阶段。随着亨利·福特登上历史舞台，汽车的大众化拉开了帷幕。

有趣的是，亨利·福特在凭借 T 型福特汽车获得成功之前，他开了三家汽车公司，这体现了实验的价值以及从失败中吸取教训的作用。福特在工程学方面颇有造诣，他也对速度有着狂热的追求。福特虽然没有科学、工程学或管理学的正式文凭，但他比任何一位竞争者都清楚标准化与规模经济能够带来的好处。在他开辟生产线之初，汽车的零售价格与房了的零售价格几乎一样。你不妨想象一下，如今在房子与汽车之间进行选择，人们会怎么选。有趣的是，现在一架喷气式飞机的价格几乎与房子的价格一样——是不是有一种似曾相识的感觉？

短短几年内，通过大批量生产的流水线技术以及汽车的标准化，福特公司将汽车的价格降低到最初的 20% 以下。这个例子向我们生动地展示了内燃机的发明如何带来汽车的创新，而亨利·福特又将高级产品打造成普通人使用的产品，从而完成了汽车这一创新的大众化。

福特成了一位富有商业才能与经济才能的偶像，他证明了科学管理理论、批量生产工艺与标准化的产品设计能够生产出具有更高质量的产品，其成本与定制汽车的成本相比更是相距甚远。可以说，流水线生产背后的技术也可以看作是另一项共性技术，但在这里为了讨论的便利，我们不再延伸开去。与流水线相辅相成的是产品设计的标准化，这充分体现在福特的名言之中："只要 T 型车是黑色的，你就可以把它漆成任何自己喜欢的颜色。"

类似地，灯泡的发明促使家家户户通上了电，由此灯泡以及与之互补的电能也实现了大众化。大规模供电反过来又提高了灯泡的安装率，促进输配电更加快速、更加普及，并促进了新电厂的建造以及煤、天然气、水能与核能等能源的开发。当电进入千家万户之后，电话的普及也相应变得便利。不久，电话就实现了大众化，成了无所不在的沟通工具。电话为人们提供了一种前所未有的、与家人和朋友即时沟通的方式。相比之下，信件则需要数日才能传达，耗时颇久。

还有一则关于输配电的趣闻。虽然托马斯·爱迪生是输配电的开创者，但这一领域还有一位杰出的美国实业家，他叫乔治·威斯汀豪斯，他提出了与爱迪生所采用的直流电相对的交流电的方案。爱迪生与威斯汀豪斯之间为了争夺电力工业主导地位而发生的斗争被称为"电流之战"。这场电流之战甚至还涉及一场在法律层面的斗争，双方就用于死刑的电椅应采用直流电还是交流电进行了争论。[1]

通过上述讨论，我们基本可以把 20 世纪划分为三个阶段，这三个阶段受到了 19 世纪一些发明的影响，这些发明使整个世界发生了变革。随着灯泡与电话的创新与大众化，电与电话线网络接入了家家户户。到 20 世纪中期，几乎所有发达国家都实现了大规模配电，铺设了电话线网络。而且，灯泡对经济与消费者的"杠杆作用"更明显，这是因为在房子里安装电线的家庭也会对电炉或燃气炉这类创新型与大众化产品产生互补性需求，从而使家里不仅明亮而且温

---

1 有关对罪犯威廉·凯姆勒（William Kemmler）执行的电刑的描述请访问维基百科，https://en.wikipedia.org/wiki/War_of_Currents。

暖。此外，这些家庭还会对许多电器产生需求，如吹风机、冰箱和电视机等（见图 1.2）。

内燃机则独自归为一类。内燃机促进了飞机、汽车、摩托车、重型机械、拖拉机与割草机等创新型应用设备的出现。此外，亨利·福特对汽车的大众化也为道路与桥梁建设、石油开采与提炼以及汽油供应中心带来了史无前例的互补性机遇。汽车的大众化也带来了车身、引擎、轮胎与座套等汽车配件生产的繁荣。内燃机（或者更确切地说是汽车）的出现在很大程度上推动了 20 世纪的经济增长。

前面提到的三个阶段的划分并不十分明确，但在 20 世纪稍后的阶段以及 21 世纪早期，我们逐渐迎来了商品化阶段。在这一阶段中，商品的价格稳定了下来，甚至开始下降，这些商品包括灯泡、电话机和许多相关的基础工具与设备。虽然私家车因为是社会地位与身份的象征所以价格较为稳定，但灯泡、电话机与内燃机对经济的影响却日益下降。

灯泡　　电力配送　　住宅供暖　　电器　　娱乐设施　　提高舒适度的产品　　提高安全性的工具等

〇➡〇➡〇➡〇➡〇➡〇➡〇

图 1.2　来源于灯泡这一发明的衍生创新

经济学家谈论的经济周期大约为 7 至 10 年，而改变经济发展轨迹的共性技术则表明范式的转变往往需要更长的时间。从发明到大众化的孕育期可能会持续几年甚至几十年；大众化阶段又需要几十年甚至几个世纪来建立新的范式。前面我们提到了塔勒布对行李箱的看法，其中我们积极寻求轮子的新用法就是一个很好的例子。与此同时，我们必须承认，并非所有共性技术与改变生活的发明都会对我们产生持续影响。古登堡（Gutenberg）发明的机械印刷目前在很大程度上已被数字技术所取代，而蒸汽机也被内燃机所取代，在未来可能会被使用电能或水能的汽车所取代。

从科学角度来看，也就是从托马斯·库恩（Thomas Kuhn）提出的"范式的转变"[①]来看，我们不妨关注一下20世纪下半叶，此时产品的发展与管理进入了一个高度开发性阶段。我们目前的交通方式与上两三代人的交通方式基本相同。今天，包括80岁或90岁高龄的老人在内的所有人，我们成长的年代都能看见飞机在高空飞过，我们出行都乘坐私家车，家中都安装了电灯与中央供暖系统，我们也都观看电视，使用面包机、电烤箱与电冰箱。在北美地区，我们面对的日常生活与商业需求范式和八九十年前的范式并无太大差别。随着对19世纪伟大发明的不断开发与利用，现在的各种产品和八九十年前相比，差别已经缩小到效率、舒适度或安全性的改进程度上。

许多在婴儿潮时期出生的人回忆说，他们的祖父母所讲的故事展现了一个全然不同的时代。那时，通电的家庭很少，出行靠的是马车，沟通用的是信件，而信件中写的是书面语，而非口语，去欧

---

① Thomas Kuhn. *The Structure of Scientific Revolutions.* Chicago: University of Chicago Press, 1962. 库恩认为："范式是一个科学共同体成员所共有的东西。"我认为，从商业管理实践的角度来看，开发的范式作为一种科学，在20世纪下半叶占据了主导地位。

洲也只能坐船，可能一生也只能去一次。"打包午餐"这个词的含义不仅只是表面看起来那样，它还代表了一项走亲访友时的生存技能。当你进城采购生活用品时，你会带上午餐，甚至还会带上帐篷和睡袋。20世纪60年代至80年代，那时我还年轻，几代北美人之间还拥有着不同的成长环境。但如今情况已经大不相同。今天，几乎所有在北美出生的人都拥有相似的成长环境。我们出门都坐车，在家中都使用电话机、暖气、电灯及其他电器。

到了20世纪中期，大众化很快发挥了作用，西方社会也随之进入了开发阶段，而这一阶段一直持续到20世纪晚期左右。你不妨想象一下，到了20世纪中期，也许是20世纪60年代左右，家家户户安装了电线，由此一个通电的社会形成了，私家车与商用飞机数量的激增几乎缩短了所有的出行时间，电话机的使用则实现了即时通信。这些难以置信、令人惊叹的转变仅仅发生于几十年之前，但现在人们却认为这是理所当然的，且在过去的55至60年间都未再次发生改变。现在你不妨再思考一下我们在创新到大众化阶段中所取得的经济发展与工业发展——我们应如何重新实现成长与繁荣呢？

效率提升不是根本性变革

创新—大众化—开发—商品化这一强大的趋势在20世纪中期促成了管理学这一研究领域的诞生。管理学教育的重点在于对掌握生产要素的行政机构与高效组织进行完善。环境促使管理学理论家将目光仅仅集中于满足巨大的开发需求之上。那么，这些理论家对创新或者大众化的理解到底有多深呢？

20世纪管理科学的快速发展主要来自于公司开发产品与服务的需求，为满足这一需求，公司可以发展规模经济与范围经济（如现代战略规划与管理），或者开展严密的市场调查与分析，从而了解哪些客户最倾向于购买公司的产品或对公司的产品难以抵挡。自"咆哮的20年代（Roaring Twenties）"以来，发达国家的商业机构着力于通过市场战略、规模生产效率或范围生产效率从消费者身上寻找谋利的方式。之后，商业机构又转而通过金融信贷的手段谋利，高高堆起的信用卡至今仍困扰着许多人，自2008年金融危机以来尤其如此。

随着20世纪的发展，消费者们想要的更多了。由于没有什么"新"事物能够像灯泡与内燃机那样使整个世界发生翻天覆地的变化，人们转而更多地关注销售愿景、产品附加功能与效率。说实话，突破性的创新工作早在几十年前就停滞不前，人们转而支持渐进主义与行政管理，并追求同一事物数量的增加以及性能的略微完善。提高效率、促进商品的定制化与专门化成了发达国家管理科学的准则。这也是波特提出的成本领先战略与差异化战略这两大一般竞争战略能够引起企业管理者与学者的共鸣的原因。

如今的大部分企业领导者接受教育的年代大约为20世纪60年代到70年代。我们都成长于一个社会经济扩张的年代，这在很大程度上是由消费主义导致的，而消费主义又以灯泡的大众化（即家家户户都通电）、电话机的大众化（以及电话机对包括电视机在内的实时通信设备的促进作用）以及内燃机的大众化（以及内燃机对人们陆路交通与空路交通的促进作用）为基础。正是在这一情况下，我们学会了如何对我们周围环境的变化做出回应与反应。也正是在这一情况下，社会科学家、管理学家与心理学家研究决策，并提升了某些特定分析与决策的"价值"。竞争优势意味着一个产品必须变得更快，更符合精益理念，功能更多，成本更低。我们试图实现的是淘汰、减少或升级，而非创造。从这一意义上讲，从大众化到开发的转变，以及对开发的追求，都是从还原主义的角度出发，而非从扩张主义的角度出发的，后者强调从发明到创新的转变，以及从创新到大众化的转变。企业领导者很可能会被培养成有史以来最伟大的开拓者，但他们并未接受过创业思维的培训。这种创业思维依靠开明的思想和扩张的过程来推动发明、创新以及大众化。

长期开发有力地支持了企业的发展，而其目的在于实现更高的效率。甚至在克莱顿·克里斯坦森（Clayton Christensen）的著作中，他的颠覆性创新概念（见第三章）也反映了从开发到商品化的转变。从理解那些看似"低劣"的技术、产品和流程对企业的影响这一角度来看，颠覆这一理念对企业具有深远的影响，但是当我们从总体经济的角度来看待颠覆这一理念时，我们发现，颠覆的结果是更快地实现更高的效率和最小化（"更快、更小、更廉价"）。的确，颠覆性技术、颠覆性创新和颠覆性商业模式反映了潜在的效率方面的质变，但这并不代表我们实现了何种根本性的转变（如从马车到汽车的转变）。颠覆的目的就在于使用更小的成本、花费更少的时间。从本质上来说，我们已经发展到了这样一个阶段：甚至我们的演变进化与发展创新的方式都已经从创造性地提供新机会转变为剥夺自由决定的价值，从而揭示出一种能够满足现有需求的最有效的方式。刘易斯·卡罗尔在《爱丽丝梦游奇境记》中提出了"红皇后效应"，即一个人必须尽力不停地奔跑，才能使自己保持在原地。[①] 就连克里斯坦森也在磁盘驱动器行业的开创性研究中，将竞争的转变进行了模式化，认为竞争经历了从"容量"到"规模"，再到"可靠性"，最后到"价格"的转变——换言之，也就是向商品化进行发展。[②]

社会是否深深地陷入了一场不惜打破底线的逐底竞争之中？通过尽可能地除去产品生产中不需要的部分，我们是否也淘汰了冗余机制和弹性制度，从而让自己变得无法承受冲击和黑天鹅事件？撤去应对未知冲击的工具是不负责任的，或者说是短视的。塔勒布在他的研究与著作中也强调了这一点。只有通过有效的系统规划，系统在面对未知事件时才能真正显现出前所未有的"反脆弱性"。部分企业已经落实了其中的一些原则，例如，苹果公司为了对抗突发事件，通常会储备300亿美元以上的现金或现金等价物。但是，类似苹果公司这样的做法只是极个别的现象。

效率以及对速度更快、更符合精益理念、成本更低的产品的追

---

① 有关红皇后效应在商业领域的思考请见：Stuart Kauffman. Escaping the Red Queen Effect. *McKinsey Quarterly*, 1995(1):118-129.

② Clayton M. Christensen. *The Innovator's Dilemma: When New Technologies Cause Great Firms to Fail*. Boston: Harvard Business School Press, 1997.

求也可以通过规模得以实现。例如，即使一家公司的产品利润率仅为 1%，在基数很大的情况下，最终利润仍然相当可观。沃尔玛以及当前的全球新经济平台亚马逊和阿里巴巴，都通过大规模、低利润的商业模式不断发展壮大。在写作本书之时，苹果公司的市值已近7000 亿美元，从数值来看约与世界上 GDP 排名第 20 位的国家相当。这似乎表明了企业有朝一日也能在二十国集团，甚至七国集团中占据一席之地。

创新能力？

人们普遍认为，我们正在经历一个快速变化的阶段，但事实上我们只是对以往的生活方式做出了改善，那么我们应该如何将两者之间的差别合理化呢？事实上，我们就像一只只青蛙，而社会就像一壶慢慢加热的水。如果我们把青蛙放入热水或者沸水中，它肯定会立即从壶里跳出来，但如果我们把它放入温水之中，青蛙就会待在壶中，即使水加热到很高的温度，青蛙也仍会待在那里，直至死亡。也就是说，我们会受到周围环境的影响，也会受到自己孤立视野下变化与我们的关联程度的影响。但是，如果我们退一步来看，就像站到壶边而非从壶中来看，我们就能理解，本章开头部分中马克·休伯特所提到的 70 年间发生的深刻的变革其实只是从 1955 年左右开始的一些"微不足道的"改变。如果从"壶中"思考，我们看到的是不断提高的效率，由此会认为当下的变革十分迅速，但这不过是变革的幻象而已。

下面，我就要讨论一下经济的变革或效用的改变。我无意贬低社会变革的重要程度，也无意否认社会各界在包容性与人权方面所做的巨大努力。20世纪初，社会制度中的一些偏见是极不可取的，而我们在理解与尊重分歧以及建立尊重人权、尊严和公平的社会制度方面不断取得进步，对这些进步的赞扬与称颂也无疑是正确的。

但在经济体制方面，如果我们想要成功应对随时可能发生的、有关共性技术创新与大众化的风暴，作为经济人与社会人，我们就必须站在一个更合理的立场上来看待问题。计算机应该被看作当下的共性技术还是未来的共性技术？互联网能不能算是大众化的第一波浪潮？答案也许是肯定的，但我们并未对一系列的创新进行全方位的体验与理解。的确，互联网、生物技术（包括基因组工程和基因治疗）和纳米技术（包括纳米材料和纳米医学）能够带来新的范式层面的转变，而历史很有可能会重演，那么现代公司会和20世纪初的制造商面临相同的命运吗？

迄今为止，计算机技术在很大程度上关注的是更加快速与廉价的通信方式，抑或是对数据进行收集与编译，但未来的关注点在于数据的分解以及复杂的特殊应用。可以想象的是，未来某天，专家们会惊讶于我们在计算机技术发展初期关注的竟然是通信的改善。机器学习、人工智能、智能系统、自动化的无人驾驶汽车、遥控无人驾驶飞机、云计算、大数据等领域反映了我们已经进入共性技术创新阶段，这会对整个世界以及我们的行为方式产生颠覆性的影响。

基因组学、纳米技术、3D 打印和生物技术又将如何呢？也许变革近在咫尺。我们准备好了吗？我们的企业是否为创新做好了充分的准备？还是说它们被困在了一个追求效率的世界中呢？

如果我们即将迎来下一项能够"改变世界"的创新，那么企业只有从理性的还原主义转变为创业扩张主义才能受益。这一转变也是下文将讨论的内容。新一波由共性技术引起的创新与大众化浪潮也许马上就要到来，而这些创新与大众化可以通过新的关联、分析、学习、决策、制造、改善和行动等方式得以实现。我相信，在未来，成功的企业应该是灵活的，且必须做好充分的准备。它们的企业文化必须鼓励创业思维。

如果我们真的将面临一项大变革，那么结果会如何呢？当下似乎没有人能够真正理解在共性技术的发明、创新或大众化占据主导地位的时期中，企业家应该如何管理并领导一个组织。20 世纪 90 年代后期，我们的确看到了互联网狂潮带来的创新潮流，但这只是假象。总的来说，我们不得不承认，那一创新阶段的管理真的很失败。投资者和银行家对那个时代的回应可以说是不成熟的——在贪婪和紧迫感的驱动下，他们急于了解每一个新的想法，生怕会错过任何新信息。他们的动力并非来自于探索互联网的力量能做到什么，他们甚至对此都不甚了解【其中也有一些例外，比如亚马逊的创始人杰夫·贝佐斯（Jeff Bezos）】。他们的举措和我们想象中亨利·福特、亚历山大·格拉汉姆·贝尔、托马斯·爱迪生、乔治·威斯汀豪斯及其同时代的人面对机遇时采取的措施截然不同。

对于大多数商人来说，在互联网公司的惨败之后，他们面临的是房地产热潮和信贷危机，这些热潮和危机是由虚假的融资创新推动的，并通过贪婪、炒作、过度官僚主义导致的疏忽以及不顾他人感受的欺诈行为而发展到无法支撑的地步。之后还有欧元危机、美国债务危机、希腊债务危机等。

也许当前的世界还无法意识到要在把握机遇的同时抵制贪婪者的加入。另一个问题是，我们焦急地期待、渴望具有创新性的解决方案，因此我们也会因为太过渴望而将自己的信念寄托于虚假的希望之上。随着商品化时代的来临，商界与政府在以往 15 至 20 年间应对经济挑战的举措只能让我们更加确信，在开创共性技术发明—创新—大众化新纪元方面，我们并未做好充分的准备。

人们很容易就会把上述问题归咎于商学院，当然，商学院确实需要承担一定的责任。作为商学院的领导人，我们仅关注从当前世界汲取的经验是不够的。而且，如今的管理教育课程的重点在于研究、调查能在开发阶段发挥作用的因素，但忽视了创新阶段。我们可以从书中了解到过去那些狂热的日子，并看到那时的人们认为未来会变得富足与丰饶①，但是，我们现在的模式主要集中在过度竞争、微薄的利润以及边际优势的利用之上。互联网狂潮是早期互联网科技进步的结果。在这一浪潮中，整个世界都在追求创新与大众化，但从社会层面来看，我们却失败了。那么，现在我们是否做好了更加充分的准备，能够迎接

① 这一评论参考了彼得·戴曼迪斯和史蒂文·科特勒的观点。Peter Diamandis, Steven Kotler. *Abundance: The Future Is Better than You Think*. New York: The Free Press, 2012.

下一个互联网时代？在这一方面，我们并未看到具有说服力的事实。

另一部分人注意到了经验与知识之间的差距，并尝试进行弥补。其中最引人注目的就是管理学大师彼得·德鲁克（Peter Drucker）1985 年出版的《创新与创业精神》（*Innovation and Entrepreneurship*）一书。20 世纪，先进的管理学理论与管理学实践在推动行业发展方面发挥了巨大的作用，德鲁克对此感到十分骄傲，但他同时也注意到人们对创新与创业精神还不够重视。他的担忧对行业的健康发展十分重要。他在平衡僵化的战略管理与灵活的战略创业方面提出了二元思维，发挥了典范作用。

奥地利经济学家约瑟夫·熊彼特（Joseph Schumpeter）则在 1911 年出版的《经济发展理论》（*The Theory of Economic Development*）中详细阐述了管理在创业扩张驱动下的快速经济增长期中与在更稳定的经济周期中的差异。[1]他采用"创造性破坏（Creative Destruction）"这一术语来描述发明在创新和大众化阶段的影响。仍以内燃机为例，它促进了汽车的出现。当汽车进入大众化阶段并成为一种普通的私人出行工具时，促进汽车发展并使其变得更快、更大或更小、更安全以及更廉价等的创造力最终破坏（包括创造性地破坏）了马与马车曾经拥有的所有优势。通过创新与大众化创造出

---

[1] 约瑟夫·熊彼特对 20 世纪的经济学与管理学研究产生了深远的影响，虽然在许多情况下，人们误认为他的著作为由创业驱动的经济周期提供了对比观点【熊彼特的第一种理论借鉴了 1911 年出版的《经济发展理论》（*The Theory of Economic Development*）一书；熊彼特的第二种理论基于其 1934 年出版的《资本主义、社会主义和民主》（*Capitalism, Socialism, and Democracy*）一书 】。其第一种理论似乎侧重于创业个体，而第二种理论则介绍了作为变革驱动力与新经济周期的企业。在本书的后面部分，我将介绍这两种思想实际上是如何融合成一个理论的。

来的新的出行方式破坏了马和马车这些人们曾经依赖的出行方式的商业可行性。我们必须学习熊彼特在较长经济周期方面的洞见。

这一章概括地描述了我们的现状与处境。从下一章开始，本书将关注组织行为，也就是由商界领导者和管理者推动的行为。首先就是对战略和创业进行更全面的理解。战略和创业这两个过程，或者说这两个角度，在很大程度上已被区分开来，但我希望之后两者能合而为一，从而形成一条更加有效的发展道路。

本章小结

在这一导论部分中，我对人们普遍认为的世界正在经历一场快速（或许说是有史以来速度最快的）变革的观点提出了质疑。为了分析这一观点，我基于共性技术的进化以及共性技术对经济结构与社会结构的影响，提出了一个框架。对该框架及相关观察结果的总结如下：

1. 共性技术会带来范式的转变，可分为以下五个阶段：

（1）与共性技术相关的发明。这指的是能够扩大共性技术影响的互补性创新与衍生创新。

（2）创新。这指的是共性技术相关发明的商业化。

（3）大众化。它能让更多人接触并负担得起创新。

（4）开发。它能够让已经实现大众化的商品更高效、更完善，从而提高人们使用的便利性与舒适度，并满足人类其他较高层次的需求。

（5）商品化。在这一阶段，商品的价格几乎没有差异，也很少存在竞争；这一过程受到规模、标准化与效率的驱动。

2. 总体而言，20世纪可以被看作是三项共性技术的快速创新与大众化的阶段。这三项共性技术分别为灯泡（或者说是电）、电话机与内燃机。在这三项技术出现后的很长一段时间里，我们可以看到这些技术以及相关共性技术创新得到了大量的开发。

3. 在灯泡、电话机与内燃机这三项共性技术相当长的一段开发期内，我们可以看到管理科学的出现、建立、大众化与开发。因此，管理科学在本质上是一门有关探索开发的学问。这也就意味着当共性技术创新与大众化开始时，学者与学生们可能会缺乏足够的能力来应对创新与大众化过程。

4. 创业思维在管理科学的适应性方面提供了深刻的见解，这些见解能够满足共性技术创新和大众化时代的需求。

第二章

企业长寿的秘诀

一个组织唯一的可持续竞争优势就在于它具有比竞争对手学得更快的能力。

——彼得·M. 圣吉《第五项修炼》

（Peter M. Senge, *The Fifth Discipline*）

在 21 世纪，追求长期的可持续竞争优势能否算作一种有效的企业战略？人们普遍认为答案是肯定的，这也是行业巨擘依赖战略的根本原因。他们寻求的模式十分模糊，但也十分吸引人，这种模式必须可靠，并具有自动化特点，且不费吹灰之力就能促进增长，带来"持续竞争优势"。

"持续竞争优势"指的是企业通过反复利用自身独一无二的技术、能力或资源，持续击败竞争对手的能力。你可以想象一下，这就像是你每天都能因为重复前一天所做的事而中奖。如果拥有持续竞争优势，你的公司肯定会比竞争对手优秀，而又因为优势是可持续的，这种优越性及其带来的利润应该能够持续数年，甚至数十年。

但是持续竞争优势仅仅是一个理论。虽然这一理论十分具有说服力，但它并不能代表观察的结果。不妨想象一下，你是一家公司的首席执行官，然后你发现了某一行为能够为公司带来长期可靠的持续竞争优势。这时公司就像是拥有了史泰博公司生产的"轻松按钮"，而你就像是 2011 年的电影《永无止境》中布莱德利·库珀饰演的埃迪·莫拉。公司的首席执行官总是会被这样的梦幻景象所吸引：他们把脚高高地翘在办公桌上，看着公司的利润不停增长，而《财富》《商业周刊》《福布斯》和《首席执行官》的封面故事写的就是他们自己。每位首席执行官在内心思考的可能都是："我要是能找到一种可以为公司带来持续竞争优势的灵丹妙药就好了。"

在过去的 50 年里，学者与顾问都在寻找这种灵丹妙药。在这里，我不得不遗憾地告诉你，这是个梦，仅此而已。

当然，这个想法还是很有吸引力的，因为它是由占据主导地位的持续竞争优势理论驱动的，它体现了一种战略定位。战略定位这一概念最初是由哈佛大学教授迈克尔·波特（Michael Porter）倡导的，这一概念认为企业不可能为所有客户提供一切，这是正确的。然而，波特过分简化了复杂环境中的应对战略。他表示，为避免失败，公司必须选择在降低成本方面处于领先地位，或是将产品或公司提供的服务差别化（只能两者选一）。这也被称为通用战略定位。不过，实证研究无法得出通用战略具有上述作用的结论，而迈克尔·雷纳（Michael Raynor）近来也认为，大多数公司实际上会选择一种中庸的方式，从而避免成本领先与差异化的两极分化。①

坦白来说，作为一名企业战略学教授，我认为讲授通用战略仍然非常具有价值，毕竟，保持产品或服务的一致性与可靠性有助于客户通过直觉思维进行意义的构建。如此一来，客户就知道可以期待从公司得到什么，信任与客户忠诚度也就建立起来了。这也是波特的理论虽然没有得到实证研究的支持但在40年后的今天仍然颇具影响力的原因之一。②但是，在现实生活中，严格采取以成本为基础的定位与严格采取以差异化为基础的定位具有明显的差别，前者认为客户追求的是低廉的价格，而后者认为客户追求的是优质的产品与服务。虽然战略学派能为基础的教学提供实用的分类，但现实生活中的市场比理论中的市场要复杂得多，也具有更多的变化，因此通过战略定位来寻找竞争优势对公司来说意义不大。企业如果想长盛不衰，需要借助更多的手段，也需要不断发展调整。

多年以来，一些书试图说服那些追求持续竞争优势的企业领导者采取特定的框架或模式。公平地说，许多作者都支持采用多种定位方式，但最终他们又会推荐一种对持续竞争优势而言最佳的定位方式。如上文所述，波特在其1980年出版的《竞争战略》（*Competitive Strategy*）中概述了总成本领先战略与差异化战略这两大通用战略背后的直觉思维。1982年出版的汤姆·彼得斯（Tom Peters）与鲍

1　M. E. Raynor. *The Strategy Paradox: Why Committing to Success Leads to Failure and What to Do about It*. New York: Currency Doubleday, 2007.
2　波特最近被列为"全球最具影响力的50大管理思想家"之一，详情请访问 http://thinkers50.com/t50-ranking/2015-2。

勃·沃特曼（Bob Waterman）的畅销书《追求卓越》（*In Search of Excellence*）则提到了"不离本行（sticking to the knitting）"的重要性，他们认为这是一条保持优势的途径。吉姆·柯林斯在其 2001 年出版的畅销书《从优秀到卓越》中则强调了刺猬战略的重要性。在这些书中，一些作者也看到了创新的作用（如波特）、创业精神的作用（如彼得斯和沃特曼）以及面对事实的作用（如柯林斯），但他们提出的战略与方案主要是为了追求一种完美的战略定位，从而使企业能够获得持续竞争优势，最后实现利润的平稳增长。甚至在 2005 年出版的畅销书《蓝海战略》（*Blue Ocean Strategy*）中，W. 钱·金（W. Chan Kim）与勒妮·莫博涅（Renée Mauborgne）也提出企业要寻求别人尚未发现的独特定位，从而找到自身的可持续竞争优势。

然而，多萝西·伦纳德–巴顿（Dorothy Leonard–Barton）在其 1995 年出版的《知识：构建和维持创新的来源》（*Knowledge: Building and Sustaining Sources of Innovation*）一书中提出了有关核心竞争力的反对意见。她认为，企业的核心竞争力存在负面影响，因为这种竞争力会抑制创新，阻碍变革。所以，伦纳德–巴顿把核心竞争力称为"核心刚性（core rigidities）"。企业的领导者与管理者必须保持警惕，确保企业的核心竞争力不会越界，进而限制企业的创新能力。不过，要做到这一点很难。

大量的著作描述并从理论上说明了完美的定位能为企业带来的好处，这些著作提出，找到一个"甜蜜点"能够为企业带来持续竞争优势，从而带来长期的利润。虽然对一个成功的公司进行研究十分有用，但通过选择并维持某种战略定位来获得持续竞争优势的想法是难以实现的。与持续竞争优势相比，更常见的是暂时性的竞争优势，这种竞争优势似乎更加可靠，它通常来源于有效的战略定位。为了给我们的讨论提供一些背景，我想在下文中对有关战略、竞争优势与持续竞争优势的学术著作进行概述。

战略规划，长寿的秘诀？

战略规划描述了复杂的大型组织在其工作人员中确立工作重点和协调关系的需要。它也是最早描述这种需要的范式。在艾尔弗雷德·钱德勒（Alfred Chandler）1962 年出版的著作《战略与结构：美国工业企业史的若干篇章》（*Strategy and Structure: Chapters in the History of the American Industrial Enterprise*）中，我们可以看到 20 世纪 20 年代的大公司居然拥有 10 万多名员工，那时没有计算机系统，能够使用的通信网络十分有限，而且国际合作十分复杂，这些在我们今天看来十分令人惊讶。在大规模和低科技的背景下，我们不难理解战略规划为何在提出不久后就被认为对公司至关重要，以及战略规划为何经常涉及在一年、三年、五年甚至十年的规划框架下世界会做出何种改变的大量分析与预测。大公司的战略规划涉及的是那些拥有丰富资源的部门。对战略的高度关注则体现了公司对高管的极度尊重。

这些年来，各类体系与程序已经得到了发展，能够为我们提供更多的信息与衡量标准，而战略规划也已让位于战略管理。战略管理更加灵活，也更能让人接受。它运用战略思维，同时也意识到条件的变化，以及"规划"在变革时期可能会给企业带来束缚。近来，"动态环境"与"个体代表"这两股力量发生了碰撞，让我们了解到战略规划不足以引领企业走向成功，也让我们看到在当下的商业环境中，战略管理本身无法为企业的长期成功提供必要的工具。下面，我将对此进行解释。

首先，"动态环境"向我们指出了竞争力总是在不停变化这一观察结果。科技进步、经济发展和消费者选择的不停转变都会引发商业层面的变革。"颠覆（Disruptions）"这一术语也常被用来替换"动态"一词，它在行业中出现的频率很高，麦肯锡公司甚至还将颠覆性技术列为主要的研究课题。这一迅速发展且颇具影响力的变革在技术相关行业的竞争格局中占据了支配地位。谷歌、苹果、脸书、推特和亚马逊等新公司最初的规模都只有车库大小，而且这些公司是因为创始人的兴趣而成立的，但这些公司现在的市值已经能与部分国家的国内生产总值相匹敌了，而这一转变完成的时间只有短短的 5 至 7 年，这一时间跨度就相当于一个孩子从出生到上小学并开始读书认字。与此同时，北电网络、诺基亚和黑莓公司等曾经成功的公司却因为无法继续维持创新优势而快速衰落或濒临破产。

技术的发展十分迅速，不过，此外还有许多其他因素也能快速影响商业环境，如人口变动（包括人口增长）、贸易、新兴经济体的经济发展、环境压力、人权问题、意识形态冲突、恐怖主义和大规模杀伤性武器。战略规划就是对世界未来几年的发展进行预先规划，不过，现实就像《爱丽丝梦游奇境记》中的"红皇后效应"那样，一个人必须尽力不停奔跑，才能使自己保持在原地。在动态环境中，一家公司若想生存，就必须变得灵活；一家公司若想获得长期发展，就必须具备创新与创业精神。

"个体代表"这个术语体现了分析单位从企业到个体（如首席执行官与高层管理团队）的转变。个体的作用十分强大，也相当复杂。在以往的研究中，战略研究常常把"公司"作为研究的主体。这些研究认为无论谁是首席执行官或谁属于高层管理团队都不重要，它们不认为个体是一个影响因素。但在最近，研究人员开始对个体的角色进行探究。新的假设认为首席执行官与高层管理团队的个体表征十分重要。

研究战略规划与战略管理理论的学者目前并没有对成就伟大公司的所有影响因素做出全面的评价。他们在对公司战略的制定与实施进行系统分析时往往会忽视个人的因素。在这里不得不再次提到吉姆·柯林斯的现象级畅销书《从优秀到卓越》，其中柯林斯试图寻找公司从优秀到卓越的一种可复制的模式。虽然他一开始并不认同领导与决策是每个伟大组织的基石，但通过对一些伟大组织进行研究，最后他还是认可了这一观点。他主张成功的领导是一种可以习得的技能，而不是一种难以捉摸的神秘天赋，由此在无意之间强调了高层决策的重要性。

不过，柯林斯也提出了一些质疑，他认为，公司仅通过结构性方式就能获得优势的观点是不可靠的。在领导与任用合适人选方面，柯林斯反对公司为了减少人力因素而仅依赖于可复制的系统性战略这一规划准则。

在战略规划最盛行的时期，制定一份战略规划需要大部分大公司投入很多精力，其中包括制订大量的方案规划、详尽的应急计划，以及进行详细的长期预测。以前有一个故事，说的是一位知名首席执行官一上任就解散了公司的整个规划团队。因为这个规划团队从新年第一天起就开始针对这一年进行规划，管理者递交了一版又一版的规划报告，但直到这一年的最后一天他们才正式提出了一个"战略性"规划。讽刺的是，就在规划正式提出的第二天，这一系列的过程又要从头再来，这个经过一年时间制订出来的规划可以说是非常"切合时宜"了。如果公司把所有的精力都耗费在规划上，那谁还有时间来真正地经营企业呢？

学者与公司主管都坦然承认他们没有预测未来的能力，但战略规划与战略管理的相关理论都认为我们可以对未来做出可靠的预测，并在此基础上制订具体的、相对严格的商业计划。值得注意的是，沃尔特·基希勒三世（Walter Kiechel III）在他的《战略之王》（*The Lords of Strategy*）一书中发现，战略理论与战略咨询的推动者几乎都是工程师。为什么会这样？这是因为工程师经过训练，能够理解与掌控自然环境（我之所以能坦率地指出这一点，是因为我本身也是一名工程师）。他们知道要如何创造、打磨、塑造、结合、改进材料与物质，从而获得完全可预测的结果，并对环境条件做出反应。

促进工程师的参与无疑是公司完善体系、改善程序与提高地位的最先进的方法。这一方法能够使公司的能力与外部的机遇相匹配，体现了一种完美的战略定位，而且对那些从事桥梁、工厂与近海钻探设备建设、制造的公司而言尤其如此。这就是科学。然而，一般工程上的奇迹具有较少的流动因素与不可测因素，而有员工、客户、供应商、投资者等各方参与的大型组织则有更强的流动性，更加不可预测。用塔勒布的话说，我们在用脆弱、僵化的体系来应对问题——这会导致失败。

战略和创业的微妙平衡

图 2.1 能够帮助大家理解战略、创业思维与企业创业的关系。这张图在本书"引言"部分也出现过。

从根本上来说，无论公司成立了多久，也无论外部环境如何，公司的战略、创业思维与企业创业的关系在最初都会面临同一个问题：公司应如何运用可利用的资源、能力与程序，从而最好地适应目前的经济、社会文化与科技环境因素？一开始，这些因素之间的战略匹配最好能用明确的战略目标、宗旨与具体的计划来描述。战略匹配的有效识别与实施能够为企业带来竞争优势，这种优势我认为是一种暂时性优势，因为我们无法预先得知这种优势能够持续多久。

图 2.1 的左半边属于常规内容，几乎在每本战略学教科书里都

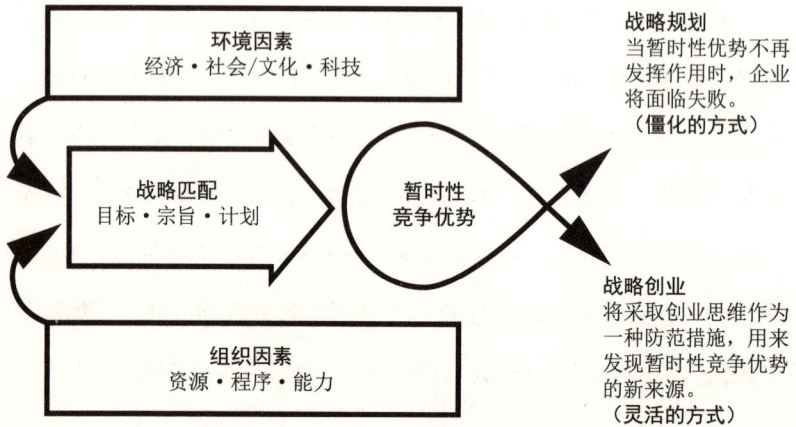

图 2.1　战略规划方式与战略创业方式的模型

会提到。通常情况下，公司会对外部环境进行分析，可能会在顾问的帮助下对市场机遇（可以是市场供给，也就是输入，或者是与客户相关的机遇，也就是输出）进行研究。如有必要，公司也会参考内部分析资料，或者对其资源基础、竞争力的价值与独特性进行细致的分析。

　　大多数公司（甚至是那些采取了僵化的战略规划方式的公司）会进行一年一度的战略回顾，研究环境因素与组织因素，寻找最佳的战略匹配。不过，这样做的前提是已经制定了战略规划。一些公司之所以会采取僵化的战略规划方式，在很大程度上是因为这一做法能够让组织的成员、客户与供应商清楚地了解组织的战略目标、宗旨与计划。但是，公司与利益相关者之间过于僵化的平衡关系并不利于应对瞬息万变的环境条件。

　　采取战略规划这一僵化方式的公司将追求长期可持续竞争优势

作为一条通往成功的途径。但是，我不认为存在完全可持续的、以资源为基础的竞争优势——随着市场与竞争的变化，暂时性优势会减弱，这些公司最终也会走向失败。

另一方面，灵活的方式体现了一种战略创业的范式：公司把发展与鼓励创业思维作为环境因素变化的防范手段。在这里，创业思维是一种可习得的能力、可复制的过程，能够为公司带来创新与复兴的机会。为组织注入创业思维也能带来流程的常规化与管理能力，这种能力在管理学文献中被称作"动态能力（Dynamic Capabilities）"。

动态能力能够确立并改变特定的战略定位，而非锁定并保护这种战略定位，由此能够为公司带来长期优势。由于市场、参与者与科技等因素在世界范围内不停变化，希望实现长寿的公司就必须具备较强的适应能力。如果这些公司希望在今后的商业环境中长盛不衰，它们必须乐于接受并培养战略思维。不过，战略、创业精神与公司长寿之间存在着一种微妙的平衡关系。

在战略规划的范式中，创业理念与创新方案通常会按照传统解决问题的流程受到审查。这一流程优先考虑管理层熟悉的解决方案，并专注于那些能够带来已知或高度可预测结果的解决方案。总的来说，这一流程在本质上体现了还原主义的思想，即一开始存在各种选择，接着是竞争性的删减，旨在降低风险、提高可预测性。管理层关注的问题则有：我们的竞争对手在做什么？其他市场中与我们类似的公司在做什么？我们在过去做了什么？这些就是企业在面临一个新问题或重复性问题时通常采取的手段，而这些手段之间并不存在任何差别。从短期来看，如果市场需求、科技、经济条件与人口情况等环境条件十分稳定，那么这种还原主义的思维方式完全合理，并有助于公司找到最佳的解决方案。但是，如果公司希望一个方案能够长期对自己有益，就意味着公司要面临变化的环境条件，那么在僵化的规划下做出的合理决策就不够可靠，也不足以推动公司走向成功。公司的长寿需要的是扩张性的视野，而非还原主义的理念。

那些不接受战略创业的人常常会问我："如果存在战略创业这种说法，那么难道还存在非战略的创业吗？"答案是肯定的。在企业中，任何无法充分利用公司的技术、资源、能力与流程的创业活动都是非战略性的。这并不意味着这些创业活动是无效的，但是这意味着还有许多其他活动能够为公司带来具有特殊性的、丰富的资源。那么，公司为什么还要发起这样的活动呢？为什么不转而创立一个新的组织呢？

最成功的公司之所以能繁荣发展，是因为它们在决策流程中总是会考虑新的机遇，从而能够让公司快速适应颠覆性技术与颠覆性的商业模型。这能让公司参与其中，并做出相应的修整。[1]公司也能学着在以往的成功经验与未来可能有效的方法中寻找一个平衡点。它们在当今世界中努力地开发自身的竞争优势，同时也在

---

[1]　在最近的《反脆弱：从不确定性中获益》一书中，纳西姆·尼古拉斯·塔勒布支持创业上的随手取材方式，这体现了东敲西打的价值，它能够超越适应力，并可能会从外部的变化中获得好处。

探索能够为自己带来优势的新理念。我把它称为"双重处理（dual processing）"。当客户需求、新技术或者财政方面的变化对与众不同的、未经检验的新事物产生需求时，成功的企业能够有效地应对变革，甚至还能引领变革。

的确，灵活的战略创业方式存在很大的吸引力，因为这是一种综合性的方式，能够在保持一致性带来的好处和通过创业获得机会之间达到一种平衡。开发与探索的平衡就是长寿的核心。

亚伯拉罕·卡梅利（Abraham Carmeli）和吉迪恩·马克曼（Gideon Markman）的研究目光非常长远，他们探究了公元前509至公元前338年罗马共和国的成功经验。[①]通过分析这个古老城邦的成功经验，他们发现秘诀就在于平衡"夺取"战略（发展、扩张、追求新的土地与市场）与"治理"战略（吸收、保留、防御与整合发展）的关系。通过将这一理论应用于现代公司，他们发现只夺取不治理会带来极高的风险，最终将导致失败，而只治理不夺取则在有些情况下能带来长寿，但将两者结合起来的做法能让公司具备组织弹性，从而能对治理体系的失策做出回应，更加尊重行为准则，公平对待每个想法、每个人。夺取与治理之间的平衡是创业思维与战略管理更细致的体现，它具有十分神奇的作用，有助于加强组织的弹性从而实现长寿。

21世纪的创业精神更加侧重于从公司内部谋求创业能力与创业精神。在过去，能够实现长寿的公司在多数情况下能够在战略与创

---

① A. Carmeli, G. D. Markman. Capture, Governance and Resilience: Strategy Implications from the Case of Rome. *Strategic Management Journal*, 2011,32(3):322–341.

业之间达到微妙的平衡。未来的趋势则表明创业思维不久就会变得重要得多，而公司也会在合适的战略时期提高自身的创业能力，从而使自己能够经营得更加长久。随波逐流将会带来很大的风险，付出很高的代价，以及导致很多的危害。领导者们将看到企业再创新带来的好处，而不是企业的毁灭。

　　从逻辑上来说，灵活的方式在快速变化的环境之下显得十分有意义。但什么是快速变化呢？我们能够看到所有行业都面临着一定程度的变化，而战略创业能够为企业的长寿提供一个可靠的基础。更重要的是，一个企业如果采取僵化的方式，它就很有可能会对这种方式产生依赖，并且这种依赖很难摆脱。换句话说，将一个战略规划制度化从长期来看会导致企业因循守旧、抗拒革新。第九章将对这种阻力进行更为详细的描述。

本章小结

　　本章的内容主要有：

　　1. 企业领导者会受到持续竞争优势的诱惑。

　　2. 商业公司的长寿是一种错觉。提高适应能力，运用创业思维能够让企业经营得更加长久。

　　3. 传统的战略研究与战略教育无法应对两个重大缺陷——具有高度动态性的环境与个体代表。

　　4. 战略规划一直以来都被当作寻求持续竞争优势的灵丹妙药。但经过了50多年的尝试，我们应该放弃这一做法，而且我们必须承认，运用一种僵化的方式来重构世界、对公司进行调整的做法是不切实际的，甚至有点疯狂。

5. 如要实现公司的长寿，就不能拒绝战略管理，而且应该搭建战略创新平台，从而寻求战略思维与企业的创业精神，并对瞬息万变的环境条件加以防范。

第三章

企业为什么会失败？

> 从本质上说，公司制定战略是为了体现公司的发展方向与发展方式。如果公司在战略中融入创业精神，那么涉及公司的发展方向、发展速度及发展方式的各种可能性就会大大增加。
>
> ——唐纳德·库拉特科（Donald Kuratko）、
> 大卫·奥德里特施（David Audretsch）[1]

如果光看表面，人们可能会疑惑：问题到底出在哪里？资本主义目前仍然存在，而且充满了生机。事实真的如此吗？实际上，情况已经十分明了了。公司确实会走向失败，而且几乎所有的公司都会失败[2]，只是时间早晚的问题。

研究表明，50%的公司会在创立后的前二至五年内走向失败，

---

[1] D.F. Kuratko, D.B. Audretsch. Strategic Entrepreneurship:Exploring Different Perspectives of an Emerging Concept. *Entrepreneurship Theory and Practice*, 2009,33(1):1-17.

[2] 2014年1月26日，在一次CNN有关美国总统奥巴马《国情咨文》就业政策的访谈中，参议员兰德·保罗（Rand Paul，共和党人，肯塔基州）表明："他（奥巴马）误解了9/10的企业会失败的意义，所以10次中有9次，他把这项事务交给了错误的人。"彭博社和《福布斯》杂志都发表文章表明4/5的新企业会在创立后8个月内走向失败。

这反映了在建立可靠的流程、聘请可靠的专家及拥有可靠的客源的过程中，唯有适者才能生存。美国小企业管理局授权维护办公室（Small Business Administration Office of Advocacy）注意到："约有一半的创业公司能够维持五年及以上，约有三分之一的创业公司能够维持十年及以上。"[1]

为了简化分析框架，我们不妨将初创公司（阶段1）与成熟公司（阶段2）区别开来。传统的观点认为，初创公司之所以很快就会失败，是因为它们天然就面临着较高的风险，只拥有较少的资源，并且稳定性较低。但在二至五年之后，公司就会出现惯性，从而能够降低所面临的风险，拥有较好的资源，以及较强的稳定性。你不妨问问周围的新公司，它们的创始人肯定有点焦虑，希望公司能够早日进入稳定时期，这样他们担心的就会更少，享受的就会变得更多。这就到了阶段2（见图3.1）。

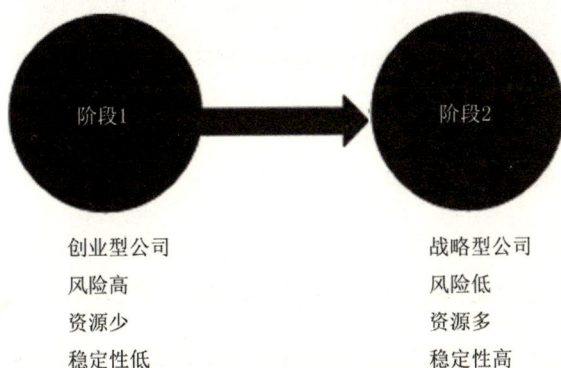

阶段1　　　　　　　　　　　阶段2

创业型公司　　　　　　　　　战略型公司
风险高　　　　　　　　　　　风险低
资源少　　　　　　　　　　　资源多
稳定性低　　　　　　　　　　稳定性高

图3.1　针对公司进化的传统观点

---

[1] http://www.bls.gov/bdm/us_age_naics_00_table7.txt

阶段 1 与阶段 2 中的创业精神并无二致，结果可能也相差不大。许多自由市场经济学家想让人们相信市场是企业成功与否的唯一决定因素。如果真的是这样，那么成功到底是因为个人的创新还是企业的创新已经变得无关紧要了。不过还存在一些不太理性但更具影响力的因素，这些因素会将新创企业与企业创业明显地区分开来。不妨考虑一下公司股东、市场、员工与大部分利益相关者对以下情况的预期：

● 对管理错误的容忍度：在新的企业中，犯错是情有可原的，但在企业的创投项目中，错误就表明公司的能力不足。

● 对傲慢（过度骄傲或自信）的容忍度：一位新企业家的傲慢是情有可原的，也是十分常见的，但公司高管的傲慢就会为公司带来很大困扰，也会令人反感。

● 对市场误解的容忍度：同样，新企业对市场的误解是情有可原的，但公司高管对市场的误解是不能接受的。具体可参考黑莓公司新产品的发布情况，也可参考可口可乐公司新款可乐的发售情况。

此外还有许多因素。生产调度、销售渠道、产品展示、质量管理、宣传材料——这些因素对成功而言都至关重要，公司中的创业人员需要完美地完成每一个环节，但利益相关者对个体创业者的要求就低很多。利益相关者对待个体创业者就像对待新生儿一般——他们是如此可爱，再给他们一次机会吧。

　　然而，新创企业与企业创业的最大区别在于利益相关者对公司收购的反应。对处于阶段 1 的公司而言，收购就意味着成功。收购甚至还被称为"退出战略"，即通过创造价值获得资金。这体现了阶段 1 与阶段 2 在定义上的区别。在阶段 1 中，公司仍然不太稳定，如果领导者能够说服大公司吞并这家公司，那这位领导者就算十分睿智了。在阶段 2 中，公司的领导者一般比求购公司的领导者办事效率更高，他们甚至有能力收购其他公司，而非让公司沦为收购的对象。即使存在合理的经济或运营方面的原因，在他们看来，仅是存在被收购的想法就令人感到羞耻。也就是说，处于阶段 1 的公司更像是一个孩子，而处于阶段 2 的公司则更像是一名家长。

　　在商学院中，我们学习的内容只涉及阶段 2 中的公司，这在很大程度上是因为我们只对成熟的公司有较高的预期。我们耗费了大量的时间与金钱，最后发现战略管理就算不是成功的根本因素，它也是必不可少的。战略管理能够让公司从单纯的创业阶段（无论是个人创业还是企业创业）过渡到成熟与稳定阶段，从而能够利用行业内的现有机遇。我们的教科书介绍了评估公司层面各项业务的复杂模型，其目的在于增强协同作用，并将资源组合起来，从而在短期与长期内收到最佳效果。虽然我们也能看到一些创业活动，但是目前的侧重点仍然在于"不离本行"，在于找到属于自己的那只"刺猬理念"中的"刺猬"，从而获得"持续"的竞争优势。虽然这些都很有价值，但我在这章中想表明的是，仅仅做到这些还不够。为了确保长期的可持续性，并及时对瞬息万变的环境条件加以利用，管理者需要更多的框架、模式以及激发创意的手段。

有关企业稳定性的错误观念

为了对企业的长寿进行分析，我们不妨研究一下美国劳工统计局公布的数据，看看这些数据是否支持有关公司生存的阶段 1/ 阶段 2 模型。图 3.2 体现了每年年初营业场所的存活率（或者说营业场所的进入退出率）。在这里需要进一步说明的是，"场所"一词指的是"进行具体经济活动的物理场所，如工厂、矿井、商店和办公室"[1]。虽然不是所有的场所都属于商业公司，但是上面的信息仍然非常有价值，因为每个"场所"都是经济活动中心，拥有各类员工与各种业务，这与小型的一人公司截然不同。这也解释了为何我会认为美国劳工统计局的数据用在这里最为合适。它们确实是评估商业企业是否长寿的最为精确的数据。

这些数据还能帮助我们评价阶段 1/ 阶段 2 模型对于稳定性与失败率的有效性。商业企业在运营的前 5 年里真的面临很高的风险吗？这些企业之后会变得更加稳定吗？随着公司拥有稳定的客源、建立流程并找到可靠的供应商，存活率曲线会变得平缓吗？

正如图 3.2 所示，存活率曲线逐渐趋向平缓，并不存在明显的转变。这一事实很难为阶段 1/ 阶段 2 模型提供支持，虽然我们能够

1　请见美国劳工统计局的报告：http://www.bls.gov/bls/glossary.htm。

看到存活率在前 5 年中急剧下降，表明公司在创业初期更容易失败或自愿退出。我在 5 年处画了一条灰色的虚线，这是为了强调美国小企业管理局授权维护办公室的观点，他们认为 50% 的公司会在创业的前 5 年内走向失败。不过，美国劳工统计局的数据显示，这一比例其实低于 50%。另外需要注意到的是，再过 10 年，公司的存活率仅为 25%（见 15 年处标注的虚线），说明一共有 75% 的公司在这时已经失败。试想一下，在公司创立的前 15 年中，3/4 的公司将无法维持下去。联想到一个人 40 至 50 年的工作时间，我们会惊奇地发现我们只有 1/4 的概率能够在同一家公司度过 1/3 的工作时间。我们常常希望公司能在经济与生活中保持稳定性，但数据显示的恰恰与之相反。

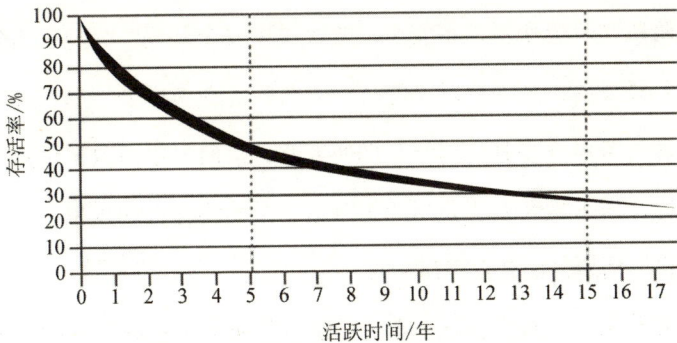

图 3.2　每年年初营业场所的存活率

虽然存活率曲线由陡峭变为平缓，但仍呈现出向下发展的趋势。所有数据的年平均失败比例在第 5 年为 9.4%，到了第 10 年则降至 6.4%，到了第 15 年更是降至 5.8%。我们可以看到存活率呈现下降的趋势，虽然下降得十分缓慢，但这一数值一直都在下降，十分引人注目。我们还能看到，这张统计图表一共涵盖了 18 年的数据，显示了 17 组完全独立的数据，每两组数据之间存在的差异不大。从美国劳工统计局的数据来看，2008 年之后，公司的存活率大大降低，与经济萧条时期公司失败率上升的观察结果相一致。曲线没有哪一部分是完全平坦的，这表明失败一直都会存在，公司的存活率将会持续下降。

这些数据为我们提供了北美公司状况的概览，十分具有启发性。不过，我们不能因此得出阶段 1/ 阶段 2 这一模型一无是处的结论。人们可能依然会疑惑——阶段 1 和阶段 2 是真实存在的吗？公司什么时候会进入阶段 2 呢？我们知道，随着公司进入成熟阶段，利益相关者对公司长寿的期望也会变得更高，但我们能够因此认为公司进入阶段 2 后会变得真正安全，或者说更安全些吗？另外，当公司进入阶段 2 后，这一阶段又能持续多久呢？在考虑公司的失败时，我们需要考虑许多其他因素。即便如此，上面显示的数据仍然颇具启发性，似乎能够表明公司的失败是一个始终存在的现象，这一现象是看得到的，也是真实存在的。

和预料的一样，图 3.2 证明了新的营业场所走向失败的速度更快。布鲁金斯学会（Brookings Institution）2014 年 7 月的一项研究支持了这一结论。学会成员伊恩·海瑟薇（Ian Hathaway）与罗伯特·利坦（Robert Litan）发表了一篇精彩的文章，题为"美国的另一个老龄化问题：老公司日益占据主导地位"（The Other Aging of America:

The Increasing Dominance of Older Firms）。他们的研究报告表明，维持了 16 年及以上的公司的市场份额从 1992 年的 23% 上升到了 2011 年的 34%，而且私营企业的员工们主要集中在成熟的公司之中——60% 至 72% 的员工在拥有 16 年及以上历史的公司中工作。[1] 文章作者还注意到了一个有趣的现象，即公司在运营的第一年就失败的比例较低。总之，他们指出，新进入市场的公司数量呈现下降的趋势，较多的新公司在创业初期就面临失败，而存活下来的公司往往能维持相当长的时间（多于 16 年）。"一家公司要想成为在位企业，尤其是一家历史悠久的在位企业，它就必须承担更多的风险，但是成为一家后发企业面临的困难显然会更大。"[2]

海瑟薇与利坦表达了他们对于创业活动减少、企业变得更老且更不灵活这一现象的担忧："如果我们希望在未来能看到充满活力、快速增长的经济，我们就必须想方设法对未来的创业公司进行鼓励，并为它们创造空间，这些创业公司会将具有类似影响力的创新进行商业化。"[3] 然而，文章中的数据无疑会受到 2008 年金融危机的影响。这一影响会给研究带来许多干扰，并使预测内容产生一些问题。

不过，这些统计分析确实为审视真实世界提供了背景。作为商学院系主任的一个巨大的好处就是，我能接触到一些最伟大的商业

[1]　海瑟薇和利坦使用了公司而非商业机构作为分析的单元。这导致了他们的数据与美国劳工统计局的数据略有不同，其中包括创立第一年内失败的比例更高。

[2]　Ian Hathaway, Robert Litan. The Other Aging of America: The Increasing Dominance of Older Firm. http://www.brookings.edu/research/papers/2014/07/aging-america-increasing-dominance-older-firms-litan.

[3]　Ian Hathaway, Robert Litan. The Other Aging of America: The Increasing Dominance of Older Firm. http://www.brookings.edu/research/papers/2014/07/aging-america-increasing-dominance-older-firms-litan.

思想。我们学院每年都会招待商界与政界中的伟大的领导人物。这些领导者里就有 ARC 金融公司（ARC Financial）与 ARC 资源公司（ARC Resources）董事长马克·范维林根（Mac Van Wielingen）。很少有企业家比他更有能力。ARC 金融公司是加拿大领先的专注于能源领域的私募股权管理公司。在 20 多年里，ARC 金融公司共计将 50 亿美元投入 170 家投资组合公司。ARC 的业务就是投资那些尚未经过检验的公司，但 ARC 仍然运营得很好。当我问马克为何他的公司可以运营得很好时，他向我描述了公司缜密而全面的分析方法，包括持续的观测、审查、监测、创新，以及贯穿整个投资过程的适当的调整。作为 ARC 金融公司的创始人，马克信奉的是比较直接的思维方式：

- 必须提前意识到公司最终肯定会表现不佳，并走向失败。
- 必须认识到过分关注标杆分析法以及取得竞争对手获得的成就可能会加速公司的失败。
- 必须记住，只有通过卓越的领导能力、创新能力以及有效的执行能力，公司才能存活下来，并且繁荣发展。

这三个要点与图 3.2 中体现的下降趋势相符合。虽然图中的数据涉及的对象很多（整组数据体现了 18 年的时间里逾 1100 万家公司的信息，信息十分精确），但是 ARC 的框架依旧具有很高的价值，因为它为这些数据提供了背景。为了实现长寿，公司必须具备有效的领导能力和管理理论，并参与有效的管理实践。

在讨论实现成功的手段之前，我想先阐述一下为什么公司甚至一些大公司会失败。

公司失败的原因

公司在阶段 1 中失败的原因有很多，包括缺少成熟的客户网络、供应网络、系统网络、流程网络和员工网络。利益相关者几乎不清楚谁是公司的领导者，公司的特质与文化是什么，或者公司提供的产品与服务是什么。由于经济、人口、消费心态与科技等方面的不确定性，公司在创立 5 年内很容易失败。

下面让我们来看看那些世界上实力最强大的公司。马修·奥尔森（Matthew Olson）和德里克·范贝弗（Derek van Bever）受企业执行委员会（Corporate Executive Board）所托进行了一项研究。[①] 该研究发现，在过去 50 年里，曾有 500 多家大型公司出现在《财富》杂志美国企业 100 强名单之上。奥尔森和范贝弗通过对这 500 家公司进行研究，了解了阶段 2 的可持续性与稳定性问题。他们惊奇地发现，公司一般不会认真考虑失败的问题，即使是实力最强大的公司也是如此。研究还表明，公司在即将失败之前非常活跃，但之后销售量则会经历"死亡螺旋"阶段，呈现下降的态势。研究报告的作者将这种现象称为"增长停滞（growth stalls）"，并认为这种停滞预示

---

① Matthew Olson, Derek van Bever. *Stall Points: Most Companies Stop Growing-Yours Doesn't Have to*. New Haven: Yale University Press, 2008.

着不好的事情即将发生，即使对于那些实力最强大的公司而言也是如此。上述观点十分具有说服力。以下是关于研究发现中数据统计的概述：

● 据记载，在 1955 年至 2006 年的《财富》100 强公司中，87% 的公司出现了增长停滞。

● 在这 87% 的公司中，又有 54% 的公司在停滞后的 10 年内遇到了增速缓慢或负增长的问题。

● 在这 54% 的公司中，又有 67% 的公司陷入了破产、被收购或私有化的境地。[①]

奥尔森和范贝弗的发现推翻了人们对于阶段 2 的传统认知。换句话说，即使是实力最强大的公司也会面临失败，而且通常情况下，公司的声望会随着时间的推移而下降。道琼斯工业平均指数（Dow Jones Industrial Average，简称"道指"）成分股的变动也体现了这一点。道指是美国股市的风向标，在 128 年的历史中，道指的成分股一共发生过 53 次变动。在道指涵盖的 30 家公司中，一半是在 1997 年至 2013 年间添加的。其中，通用电气自 1907 年以来就出现在道指上，出现的时间最长。高盛、维萨和耐克这三家公司则在 2013 年取代美国铝业、惠普及美国银行，成为道指成分股。道指反映了北美最稳定、

---

① Matthew Olson, Derek van Bever. *Stall Points: Most Companies Stop Growing-Yours Doesn't Have to*. New Haven: Yale University Press, 2008：29.

最成功的公司的情况，但是现在仍然会出现明显的变动，这进一步证明了奥尔森与范贝弗研究的有效性。

道指成分股中最年轻的是思科公司，该公司创立于1984年。历史最悠久的是杜邦公司，该公司生产了凯夫拉尔混合纤维、可丽耐面板和特富龙炊具等消费品，而在1802年成立之初则是专注于黑火药的制造。有人认为年轻的公司还未发生产业转型，也许对于思科、英特尔与联合健康集团等专业性公司来说的确如此。但是，另一方面，辉瑞（创立于1949年，最初属于化学品工业）和耐克（创立于1964年，最初是一家日本跑鞋分销公司）都已经转向了其他行业，现在分别属于制药行业和时装行业。

在道指成分股中，许多拥有悠久历史的公司都经历过根本性的变革，其中包括美国运通（创立于1850年，最初提供快件服务）、通用电气（创立于1889年，创立的最初目的是收集托马斯·爱迪生的发明）、3M（创立于1902年，最初为一家矿业公司）、IBM（创立于1911年，最初是一家制表与唱片公司）、摩根大通（创立于1923年，最初为化学品制造公司）、迪士尼（创立于1923年，最初为动画电影制作公司），以及联合科技（创立于1934年，最初为航空器制造公司）。几乎所有被选入道指的公司都经历过一些产业转型与扩张，包括微软（创立于1975年）和威瑞森（创立于1983年）等年轻公司。在大部分情况下，公司最初从事的行业与目前所属的行业之间存在着较大的关联，但是一般说来，公司还是会强化战略思维，即改变工作重点以适应环境的变化。

　　环境因素与组织因素之间的匹配是战略的本质所在（见第二章），而创业的本质则在于适应条件的不确定性并创造新的价值。乍看之下，企业长寿的显著特点似乎只在于战略部署能力与创业能力。但是，了解何时采取战略、何时进行创业是十分富有挑战性的。显然，阶段 2 这一概念虽然可靠，但是似乎有些模糊不清。

　　为了更好地理解增长停滞的原因，奥尔森与范贝弗扩大了研究范围，仔细地考察了 50 家代表公司的经历。他们的发现肯定会让许多管理者大吃一惊：环境变化可能会导致公司对核心产业与侧重点做出改变，但研究认为，大部分增长停滞应该归咎于公司的管理者，而非环境本身。换句话说，虽然人们经常认为公司糟糕的业绩是经济不景气、过度的政府监管、劳动力市场萧条及地缘政治局势紧张等造成的，但事实上，这些不可控因素成为增长停滞的根本原因的比例仅为 13%，换句话说，87% 的增长停滞主要是由可控的管理行为造成的，其中又有 70% 是由战略因素导致的，17% 是由人才短缺、董事会不作为、组织设计不合理以及业绩度量标准糟糕等组织因素导致的。

　　当前，我们经历了许多重大的环境变化，如 2008 年的金融危机、2001 年互联网泡沫的破裂、反恐战争及发展中国家的经济增长，这样看来似乎我们不应将管理层的行为视作公司失败的原因。另一方面，《黑天鹅》（The Black Swan）的作者纳西姆·尼古拉斯·塔勒布十分有名，也十分有趣，他在最近的著作《反脆弱：从不确定性中获益》（Antifragile: Things That Gain from Disorder）中提到，公司管理者需要承担突破僵化规定、增强组织适应能力的关键责任；事实上，当公司面临经济、环境与社会方面的相关问题与变化时，它们就必须变得比其他公司更出色。优秀的管理者会通过扩大市场份额、削减成本以及进入缺乏保障的新市场，对问题加以利用。对于做好充分准备的管理者来说，糟糕的经济条件往往会带来极大的机遇。

通过对研究中数据所属年份的仔细观察，奥尔森与范贝弗发现了导致增长停滞的三个主要原因：（1）高档地位羁绊；（2）创新管理失败；（3）过早放弃核心业务。上述每条原因都与本书主张的更多关注战略创业而非战略规划有着直接联系。

高档地位羁绊导致了近 1/4（23%）的增长停滞。高档地位羁绊与第一章中描述的定位学派的理论息息相关。部分管理者会由于相关理论而误以为差异化能够带来持续竞争优势，从而认为消费者总是喜欢他们公司的产品或服务甚于那些未经检验的、发展迅速的新公司的产品或服务。但是，我们从增长停滞的相关研究中能看到伊士曼柯达（未能有效应对日本胶片制造公司富士公司的迅速发展）、戴姆勒－奔驰（未能有效地与日本汽车制造商雷克萨斯和英菲尼迪进行对抗，在美国地区尤其如此）、卡特彼勒（面对的是日本的小松公司）以及西尔斯（已被凯马特、沃尔玛和塔吉特超越）等公司的案例。

高档地位羁绊的相关研究还与颠覆性技术、颠覆性创新及颠覆性商业模式的研究息息相关。哈佛大学教授克莱顿·克里斯坦森对"颠覆性"这一术语进行了广泛的研究，并极大地推动了这一术语的发展。克里斯坦森的巨大贡献主要有以下几点：

71

- 他的著作讨论了颠覆的不同形式，包括颠覆性技术、颠覆性创新（体现了技术与过程的结合）及颠覆性商业模式（对旧任务进行合并的新方法）。

- 当在位企业开发出颇具颠覆性的技术时，讽刺的是，它们在大部分情况下会很难改变自己的商业模型，从而也就不能利用这些自己开发出来的颠覆性技术。

- 在业内普遍采取的市场和经济逻辑中[1]，颠覆通常被认为是不好的，它涉及权衡的问题，遵循具有高预测性的、基于消费者的需求模型，即功能会被附加功能颠覆，附加功能会被便利性颠覆，便利性会被尺寸颠覆，等等。

- 颠覆并不总能取代市场机遇，相反，它经常会增加市场机遇，部分原因在于新的、看似较差的颠覆性选项能够吸引到以前的"非客户"。

英特尔公司前首席执行官安迪·格鲁夫（Andy Grove）有句名言："只有偏执狂才能生存。"[2] 换句话说，每家公司每天都会面临高档地位羁绊导致的增长停滞的风险，可能会被新的技术、创新或商业模式颠覆。耐心也许是一种美德，但完全忽视颠覆性的变革可能会

---

[1] 我很喜欢博主 C. 狄克森（C. Dixon）的评论（http://cdixon.org/2010/01/03/the-next-big-thing-will-start-out-lookinglike-a-toy/），他精妙地评论道："未来的重要事物在一开始总是会受到否认，被当作'玩具'看待。"

[2] A.S. Grove. *Only the Paranoid Survive*. New York: Doubleday, 1996.

给企业带来毁灭性停滞的风险。

　　增长停滞的第二大原因是创新管理失败，而第三大原因是过早放弃核心业务。创新管理失败主要指的是公司内部对发现或创新的无效管理。例如，施乐帕洛阿尔托研究中心（Xerox's Palo Alto Research Center，又称"施乐帕克研究中心"）开发出了个人电脑的许多关键功能，其中包括鼠标和图形用户界面。但在最后，施乐却并未能有效地对这些创新加以利用。这其中有许多原因，但归根结底就是施乐公司管理层采取了专注于公司核心战略的做法，而当时的核心战略与影印机有关。在当时，影印机的生意十分红火，因而施乐放弃未经开发的计算机产品，坚持经过检验的、成功的影印行业，从战略规划的角度来看就变得十分合理了。其他与创新管理失败相关的例子还涉及公司发明很快但创新很慢的问题，这最终会导致产品开发管理不善，或者核心产品过度创新、超越了客户的需求。失败是多种多样的，但原因都可以归结为公司未能将创新纳入其发展规划之中。

　　过早放弃核心业务，顾名思义，就是一些管理者过早选择让公司在产品、服务与发展地区等方面做出转变。过早放弃核心业务可以被视为注意缺陷障碍的一种：公司开发与探索之间的平衡不足以承载这些新的机遇。公司原本可能正处于发展的最佳时机，但不幸的是，过早放弃核心业务导致公司错失发展机会。奥尔森和范贝弗在研究中就提到了罗伯特·沙诺夫（Robert Sarnoff）的例子。罗伯特·沙诺夫是大卫·沙诺夫（David Sarnoff）将军的儿子，他担任美国无线电公司总经理长达 44 年。奥尔森和范贝弗写道："20 世纪 60 年代后期，《财富》杂志的一篇文章刊登了罗伯特·沙诺夫的观点，即消费电子领域的重大突破期（也就是沙诺夫将军创立美国无线电公司的时代）已经过去。负责监管新泽西州普林斯顿大学美国无线电公司实验室的物理学家詹姆斯·希利尔（James Hillier）指出：'物理学家们已经发现了所有可以让消费者在不久的将来使用的东西。'"[1]

如果联想到 20 世纪 60 年代之后 CD、MP3、MP4、iTunes、iPod 等消费电子产品的增长，你就会发现上述论断听起来十分令人震惊，甚至还有点好笑。不过，这只是后见之明。如果仔细分析上面引用的内容，我们就能明白，罗伯特·沙诺夫和詹姆斯·希利尔之所以这么说，是因为他们已经做了研究，咨询了专家，掌握了所有能够收集到的信息，最后总结出了放弃消费电子领域这一战略，从而转向对其他业务的追求，尽管消费电子这一领域在当时正处于巅峰时期。换句话说，美国无线电公司采取了战略管理学者们提倡的措施，即明确公司的优势、劣势、机遇与威胁，从而制定一个能够实现最佳匹配的战略。然而不幸的是，战略分析促使美国无线电公司放弃了消费电子领域，而非将相关技术应用于大型计算机和消费产品的制造，这与该公司之前在消费电子领域的巨大成功并不匹配。不过，你也可以认为，事实上，美国无线电公司不仅采取了战略，也进行了创业。我们从这个案例中可以吸取一些经验：（1）管理者需要对环境变化拥有清晰的认识；

① Matthew Olson, Derek van Bever. *Stall Points: Most Companies Stop Growing-Yours Doesn't Have to*. New Haven: Yale University Press, 2008:86.

（2）理解和判断总是存在一定影响；（3）不要孤注一掷！

当我们回过头来考虑增长停滞的三个主要原因，并将时间视为一个关键维度——也就是说，从时间的角度来考量为未来做好准备的能力——我们能够看到三者之间存在明确的联系。可以说，这三个原因都与选择正确的战略存在联系，但是战略的选择都发生在了错误的时间。高档地位羁绊指的是公司在一个成功的位置上坚持太久，而过早放弃核心业务指的是公司发展方向的过早转移。两者都反映了公司在当前产品／市场空间中的成功运作，这也是这些公司能够出现在《财富》100强名单上的原因；但是，管理决策造成了这些公司的转变要么发生得过早，要么发生得过晚。类似地，创新管理失败也可以归结为时间问题——想法是正确的，但发生在了错误的时间。

增长停滞是大多数企业走向失败的原因，它在根本上反映了所有预测都具有某种程度的不确定性的事实。预测有时并不比猜测好多少。最好的做法是对过去进行深入的研究和分析，但这只能提供一些背景信息，而非有关未来的真相。分析可以发挥一定的辅助作用，但不能对未来进行预测。公司如何才能为不确定的未来做好准备？我认为，最成功的公司必须稳定，但也必须灵活，并具备适应能力，这样它们才能迅速适应环境的变化。这一点最好能够建立在公司当前的优势之上，同时还要坚持一系列的创业选择。

本章小结

本章的主要内容有：

1. 无论是年轻还是历史悠久，公司都会失败。仔细考虑战略和创业精神对于理解企业如何实现长寿至关重要。

2. 处于阶段 1 的初创公司可以犯错，但处于阶段 2 的公司应避免犯错。对处于阶段 1 的公司来说，被收购就意味着成功；但对处于阶段 2 的公司来说，被收购就意味着失败。

3. 事实上，无论是处于阶段 1 还是处于阶段 2，公司都会失败。

4. 为了应对高档地位羁绊（持续时间过长）、过早放弃核心业务（过早做出转变）和创新管理等挑战，企业需要变得灵活，并能够适应不断变化的市场、经济和技术环境。创业思维能够为更有效地应对这些挑战提供一个框架。

第二部分

促进企业
长寿的框架

第四章

拥抱变化的能力

  长寿需要的是做出改变的能力，而不是固守原有的东西。太多公司只专注于现有的业务，而且还有一个问题："寅吃卯粮"、进入其他领域或者彻底对定价结构或分销体系等当前活动的根本方面进行改变也是非常困难的。因此，许多公司发现，专注于已经为它们带来成功的事情比做出改变更加容易。它们总结成功的秘诀、编写指导手册、撰写教学指南并创造了整个文化以维持原有的模式。在原有的模式受到外部变化的威胁之前，上述做法都很不错，因而在通常情况下，公司进行的调整是不连续的。如此一来，公司就需要一番大修整，而修整通常会受到外部力量的推动。正如安迪·格鲁夫所说："只有偏执狂才能生存。"

——路易斯·郭士纳（Lou Gerstner）[1]

1993 年至 2002 年担任 IBM 公司董事长兼首席执行官

---

[1] Ian David, Tim Dickinson. Lou Gerstner on Corporate Reinvention and Values. *Mckinsey Quarterly*, Sep. 2014:3.

在上一章中,我介绍了处于阶段1(初创阶段)和阶段2(成熟阶段)的公司。我们并未发现这两个阶段的公司的存活率存在一条明显的界限。尽管如此,这一框架依然十分有用,因此能够描述管理者和利益相关者的不同态度、不同观点。

当公司进入阶段2之后,就会显现出自满的状态,随之而来的还有"3C"模型对企业领导者的诱惑——"3C"指的是鱼子酱(caviar)、干邑白兰地(cognac)和雪茄(cigar)。好吧,其实并没有所谓的3C模型,这只是我随口编的。但我在这里想说的是,公司有时会认为"我们强大得不会倒下",从而将管理工作安排得像乡村俱乐部一样,同时没能认识到竞争的强度,也没能对此做出回应。如果一个公司运营得比较平稳,管理者就会有点自满。奥尔森和范贝弗在他们的研究也发现了这一点(见上一章)。自满是一种会杀死企业的癌症。

公平地说,努力工作应该得到回报,公司的首席执行官也应该有享受生活的机会。许多首席执行官之所以努力工作,就是为了实现3C的生活方式,只不过有时会把3C替换成更为现代化的消遣方式,比如飞钓和游艇比赛。不过,参加游艇比赛也得小心——英国石油公司首席执行官唐熙华辞职的部分原因是,2011年6月,他在接受美国国会对于墨西哥湾石油泄漏事件质询的两天后,立即参加了一场游艇比赛。

不足为奇的是,许多充满野心的追随者无时无刻不希望自己也能成为成功的首席执行官,享受着自己的3C。企业领导者必须认识到，世界上总会出现一些新公司，它们面临着较高的风险，承担着需要为创新付出的代价，但同时也没有制度上的重担，因此能够采取新的方法而不用担心公司内部文化的改变或业务资源的重新部署。奈飞（Netflix）公司刚进入家庭影视租赁行业时，采取的是邮寄的方式，因而无须承担房地产投资的大量费用，而百视达（Blockbuster）公司正是被这笔费用拖垮的。当西南航空公司刚开始采用高效运营模式时，只使用一种类型的飞机（波音737）。它们的航班是点到点的，也无法进行预订。之后，一场商业模式的革命爆发了，而它们的竞争对手则努力跟上这种商业模式的变化。此外还有许多新公司改变商业模式的例子。正如安迪·格鲁夫所说："只有偏执狂才能生存。"

但是，只成为偏执狂还不够。商业组织应如何应对新的在位企业可能造成的威胁？为了解决这一问题，我研究了部分长寿的、优秀的公司，发现了一个十分有趣且和前面的观点相一致的现象：为应对变化的环境，这些公司会经常改变自己的战略。

表4.1列举了几家著名公司，以及这些公司原先的业务、公司目前的主营业务及相关内容。我们可以发现，这些公司大多具有多样性，业务范围很广。而且，这些公司虽然在业务重心的变化方面存在很大的差异，但在存在变化这一点上却是绝对一致的。

这份清单表明，企业创业可能是维持良好业绩和实现长寿的前提条件。下面的逻辑显然是明白无误的：随着技术、市场以及其他环境条件（经济、监管环境、全球力量等）的变化，为了适应这些变化，公司也必须做出改变。因此，当汽车改变世界之时，专门生产赶马车的鞭子的企业就会失败。

同样重要的是，我们不能忽视变化的幅度。表 4.1 中列出的是全球规模最大、制度最完善的公司。从一种产品转向另一种产品是一项艰巨的任务，需要大量的投入和付出。那么这些公司是如何做到的呢？

表 4.1 成功需要对业务做出改变

公司名称	创立年份	最初的业务	变化后的业务	注释
本田	1946	摩托车制造	机动设备制造	本田认为它的竞争优势来自与机械运动有关的工程学技术。
孩之宝	1923	纺织品边角料	玩具制造	这家纺织品公司后来转去生产铅笔盒，由此将视线转移至儿童，最终创造出了"土豆先生"。
IBM	1911	制表与唱片制作	技术咨询	IBM 具有强大的适应能力，在核心业务方面面临着多重变化。
施乐	1906	相纸生产	数字成像、IT 咨询	这是一个家族企业，创始人的儿子购买了一项发明，这项发明将公司引向复印行业。
纽柯钢铁	1905	汽车制造	钢铁生产	纽柯是一个非常多元化的企业集团，曾经两度申请破产。
3M	1902	矿业开采	思高透明胶带、布基胶带、便利贴、清洁用品生产	公司初期为生产砂轮磨料而开采矿石，后来转而生产砂纸，再后来则开始生产黏合剂。

续表

公司名称	创立年份	最初的业务	变化后的业务	注释
通用电气	1892	灯泡生产	涡轮机、火车头、CT扫描仪、化学传感器制造，金融业务	最初，托马斯·爱迪生创立这家公司是为了将自己有关电的发明集合起来，其中最重要的就是灯泡。
雅芳	1886	图书销售	香水	创始人为上门推销图书的推销员，结果发现随书附赠的香水小样比图书吸引了更多的关注。
李维斯	1873	纺织品	牛仔裤	为了帮助家族发展纺织品生意，李维·斯特劳斯搬到了加利福尼亚州，并尝试将帆布帐篷推销给淘金者。之后有采矿者请他做牛仔裤。
诺基亚	1865	纸浆厂，橡胶、电缆生产	手机	2013年，微软收购了诺基亚，但在此之前，诺基亚一直都是企业创新的典范。
蒂芙尼	1837	文具和装饰品	珠宝	独特的设计使蒂芙尼成为第一家因珠宝而饱受国际赞誉的美国公司。
杜邦	1802	军火制造	聚合物黏合，杀虫剂、灭火器等	杜邦体现了创新和创业思维的传承，它是所有企业的榜样。

　　通过对这些公司的进一步调查，我注意到，它们遵循的是一种循环模式：先是战略开发，再是探索性调查与创业，之后是新的战略开发，如此不停循环。我会在后文中提到一种更具活力的模式，

也会提到其他有关公司业务范围转移的有趣故事，但在这一阶段，明确一些重要的定义和准则显得更为重要，它们能够为分析打下坚实的基础。关于这一点我必须说明的是，之前我提到关键术语时使用的是它们的一般定义，但随着分析的深入，我们需要明确这些术语的具体含义。

创业与创业者。通俗来讲，创业者就是那些一开始出门身上只有 5 美元，但几年之后却能受到整个小镇敬仰的人（体现了经典的从白手起家到富甲一方的故事）。从学术的角度来看，多年以来，创业者的定义和作用已经发生了变化。1921 年，法兰克·奈特（Frank Knight）将创业者定义为通过预测市场需求来对抗不确定性的核心决策者。的确，20 世纪初许多有关经济的讨论都是围绕创业者展开的，他们更像我们今天所说的管理者。诺贝尔经济学奖得主罗纳德·科斯在其 1937 年发表的、具有开创性的《公司的性质》（The Nature of the Firm）一文中将创业者形容为"在一个竞争性体制中替代价格机制指挥资源的人"[1]。这意味着创业者并不像自主经营者那样依赖于能在其中进行价格竞争的自由市场机制，而是对各种产品和服务的组合进行思考，利用组合来创造新的价值机会。

约瑟夫·熊彼特最初在 1911 年将创业者描述为有些无赖的人，他们通过创新的方式（有时也通过激进的方式）来获得额外的市场份额，从而导致创造性破坏。后来，到了 1934 年，熊彼特认识到公司会通过更加复杂、目标更加明确的创造性破坏来推动企业创业，

---

① R.H. Coase. The Nature of the Firm. *Economica*, 1937:388.

这一点也可见于表 4.1 所列的公司。

　　到了 20 世纪后期，学者们将创业视作有关机会辨别和企业形成的学问。近年来，学者们虽然仍在努力赋予创业新的定义，但他们更倾向于将创业视为"在不确定条件下创造经济价值的行动"[①]。这一定义的重要性在于，它并不反映一个新组织或公司是如何具体形成的，它也不对发现的机会（即客观存在但需要人们发掘的机会）与创造的机会（即通过企业家的思考而形成的机会）进行区分。

　　犹他大学的杰恩·巴尼（Jay Barney）可能是战略和创业领域的顶尖学者，他与丹佛大学的沙朗·阿尔法莱兹（Sharon Alvarez）共同撰写了一篇题为"发现与创造：创业行为的可选择理论"（Discovery and Creation: Alternative Theories of Entrepreneurial Action）的文章，该文章充分揭示了创业机会的发现与创造之间的不同影响，同时也促进了《战略创业期刊》（*Strategic Entrepreneurship Journal*）的成功发行。[②]近来，雷米·阿特亚加（Remy Arteaga）和乔安妮·海兰（Joanne Hyland）合著了《转型：顶级企业家如何调整、改变路线以寻求最终的成功》（*Pivot: How Top Entrepreneurs Adapt and Change Course to Find Ultimate Success*）一书。该书内容十分丰富，其中着重介绍了有效管理与个人或企业成功创业之间的密切联系。

　　在本书中，创业指的是在不确定的情况下，能够为个人、已经

[①]　这一定义来自于我的个人笔记，它体现了 2014 年 3 月在科罗拉多州凯斯通举办的、由杰恩·巴尼和沙朗·阿尔法莱兹共同主持的 2014 年研究范例会议的结果。

[②]　S.A. Alvarez, J.A. Barney. Discovery and Creation: Alternative Theories of Entrepreneurial Action. *Strategic Entrepreneurship Journal*, 2007(1):11–26.

存在的公司或新公司创造新的经济价值和财富的行动。我不会把创业等同于创建一家新公司，也不会认为创业就意味着个人需要拿他的个人净资产进行冒险。本书讨论的创业通常指的是企业创业，而不是个人创业或者社会创业。

社会创业。这是一个新概念，指由年轻一代主导并获得大型基金会（如盖茨基金会）支持的创业行为。社会创业为政府的社会事业和纯粹的慈善事业提供了多种选择。它通过一些能够创造价值、能够进行自我维持且支持特定社会目标的风投项目来替代政府或慈善机构的社会项目，它同时也可以为社会的某些领域创造价值。这些领域的范围很广，因为经济价值可以以产品补贴、弱势行业薪金等多种形式体现出来。

企业创业。企业创业指的是现存企业内部的创业。它既可以指创建一家子公司，也可以指现存公司核心业务的转变。例如，雅芳的核心业务从上门推销图书转变为上门推销香水，从而迎合了市场需求。纽柯钢铁（Nucor Steel）也经历了数次根本性的变化，并在此过程中创立了一些子公司。纽柯钢铁的前身是 REO 汽车公司，公司的名称来源于创始人兰塞姆·E. 奥兹（Ransom E. Olds）的姓名 [通用汽车公司奥兹莫比尔（Oldsmobile）部的名称也来源于此]。这家公司最初的业务是制造豪华轿车，接着又转而生产卡车（REO 快速马车），之后又开始生产割草机。然后，公司更名为美国核能公司（Nucor Corporation of America），业务也随之发生改变。不过，公司在核能行业发展得并不如汽车行业那么好，于是就拓展了经营范围，成了一个大型集团。虽然公司曾两度申请破产，但最后又东山再起，最近开始经营钢铁制造业。在钢铁制造业中，纽柯钢铁通过发展小型钢铁厂颠覆了整个行业，并因此成为美国钢铁制造业的巨擘。

企业创业也同样适用于公共部门，例如政府部门、政府机构与加拿大的皇家公司（政府分支机构）。一般来说，任何试图在不确定条件下创造经济价值的组织，都具备通过企业创业来创造经济价值的潜力。企业创业有时也被称为"企业投机"。

战略规划。战略规划是战略的基础，最初需要确立目标，并制定能够确保公司长寿的发展路线。一般认为，战略规划是最为僵化的战略制定方式；通常，它会采用书面的呈现方式，其中包含特定的目标以及对成功的展望。大部分公司已经放弃了战略规划的方式，因为这种方式的束缚较多。这些公司转而采取战略管理或战略创业的方式（见下文）。

战略管理。战略管理的核心在于创造竞争优势与财富。[①] 它源于 SWOT（组织的优势、劣势、机会、威胁）分析，能够为管理团队提供明确的方向。通常，战略管理包括一系列的分析描述（愿景、宗旨、独特优势等）以及目标设定（以商业规划或战略规划的形式呈现），这些目标将金融、资本与人力资源规划结合起来，并从这些维度来衡量结果。就本书而言，战略管理反映了企业在追求持续竞争优势的过程中获取资源、组织资源和整合资源的方法。

---

① M.A. Hitt, R.D. Ireland, D.G. Sirmon, C.A. Trahms. Strategic Entrepreneurship: Creating Value for Individuals, Organizations, and Society. *Academy of Management Perspectives*, 2011:58.

战略管理存在两个不同的分析与制定的层次。有关公司应该经营哪些业务这一问题的战略被称为"公司层面"的战略，而有关公司应如何在各业务单元内进行有效竞争这一问题的战略被称为"业务层面"的战略。

战略创业。战略创业将战略管理与企业创业相结合。采取战略创业的公司能够通过战略管理追求竞争优势，并能够同时通过企业创业追求新的机遇。战略创业涉及许多学术领域，如探索与开发（詹姆斯·马奇，James March）、二元性组织（迈克尔·图什曼，Michael Tushman）、整合思维与整体性思维（罗杰·马丁，Roger Martin）。在这里必须注意的是，目前学术界对于战略创业的价值意见不一。业内的杰出学者与本章中提到的研究结果都本能地支持战略创业这一理念，但有关公司绩效的严格的实证研究并不怎么认同战略创业。战略创业最关键的环节就是度量，更确切地说，也就是对公司何时能够实现附加价值进行度量。以往的研究发现，战略创业对于公司的绩效存在短期影响，而有观点则认为战略创业只能提高公司长期应对环境变化的能力，这与研究结果恰恰相反。不过，通过长期的度量产生的结果会更多地受到主观性与干扰因素的影响，换句话说，许多干扰变量都会影响公司的绩效，导致绩效更高或者更低。因此，问题就在于，公司应在多长的时间跨度内通过战略创业获得积极的结果？这是一个值得思考的问题，但对于这个问题的解答并不在本书的讨论范围之内。

最传统的战略管理实施模型涉及分析性思维，或者说批判性思维的运用。分析性思维涉及运用预先设定的标准对选择进行分析。批判性思维则在此基础上对其他选择加以考虑。因此，战略管理中运用得更多的是批判性思维，它主要涉及以下四个步骤：

● 明确问题。这需要将事实与观点区分开来，从而清楚地了解核心问题、根本原因，以及谁该为这个问题负责。

● 制订多种解决方案。这通常需要对以往的结果进行调查，从而确保能够制订出多种方案。

● 评估并选择解决方案。这涉及多个层面，例如需要考虑最佳方案与预设目标，还需要考虑不确定性、风险、需要的资源等。在这一阶段会选出一个首选方案。

● 执行与后续行动。这一阶段必须采取谨慎的措施来有效地实施所选的方案，并对该方案的有效性进行检测。①

系统的、一致的批判性思维是许多公司成功的基石，它能在相对稳定的环境中为公司的运营提供可靠的框架。

批判性思维模式在商业领域非常著名，也得到了广泛的应用。但是，公司应该如何进行战略创业与企业创业呢？这个问题十分具有挑战性。商学院与管理学院还未设计出系统的方法，让未来的管理者能够像企业家一样思考。为解决这一问题，本书就应运而生了。

---

① 改编自：D.A. Whetton, K.S. Cameron. *Developing Management Skills*. 8th ed. Upper Saddle River: Prentice Hall, 2011.

　　有关这一问题的更多讨论可见下一章，在本章中，我会把创业思维简单地看作企业家和创业团队通过对机遇的发现与创造进行思考，从而追求个人、公司或社会创业的过程。其中，企业家与创业团队可能会创办初创企业，参与公司的风投项目，或通过非标准方式，在不确定的条件下创造经济、社会、文化或环境价值。

　　创业思维确实是一个新的领域，它是战略创业的核心。有关创业思维的研究也是一个全新的领域，最早的关于该问题的学术研究可见于 2001 年的《战略管理期刊》（*Strategic Management Journal*）专刊，以及 2001 年发表的专题文章《整合创业精神和战略管理行动，创造企业财富》（Integrating Entrepreneurship and Strategic Management Actions to Create Firm Wealth）。[1] 战略创业家正努力在精英学术圈中找到自己的位置。在我看来，战略创业作为公司长期生存的唯一途径，应该得到更多的认可。

　　我的博士毕业论文的研究主题是战略决策，通过这一研究，我与合著者弗朗西斯·鲍文（Frances Bowen）对"认知适应力（cognitive resilience）"这一概念做出了解释。[2] 认知适应力这一术语反映了商业决策者面临较高不确定性时的所思所想：颠覆性改变会让他的世界发生翻天覆地的变化吗？这一改变有没有可能并不会产生影响？具有较高认知适应力的人面对即将发生的环境变化不但能够应对，

---

[1]　R.D. Ireland, M.A. Hitt, S.M. Camp, D.L. Sexton. *Academy of Management Executive*, 2001.

[2]　J. Dewald, F. Bowen. Storm Clouds and Silver Linings:Responding to Disruptive Innovations through Cognitive Resilience. *Entrepreneurship, Theory and Practice*, 2010,34(1):197−218.

同时还能抓住机遇。罗杰·马丁也对一个类似的想法进行了探索，也就是他提到的整合思维，除非另外需要做出决定，否则整合思维能够同时对两个不同的选择进行思考。[①] 唯有具有适应力的管理者才能在环境发生改变之时立即采取行动。他们要么会适应并利用新环境，要么会抵制新的创新，也有可能会采取一种新的综合性的解决方案。成功实现真正的战略创业，核心就在于耐心、考虑各种可能性、守口如瓶以及等待正确时机推出新模式、新方向的能力。我们不能把这一能力与执行计划时的优柔寡断与缺乏侧重点混为一谈。在战略创业过程中，准备行动和采取行动是两个截然不同的阶段，而且过早地对这个过程进行预判可能会导致错误的选择。优秀的管理者和企业家会谨慎地对市场、技术和经济变化的速度进行评估，并通过创业行为与变化时间的匹配来实现利益最大化。

创新。创新一般指的是对发明进行有效商品化。在我们讨论创业思维与战略创业的背景下，我更倾向于阿特亚加和海兰对于创新的更为具体的定义，即"创新是将创意转化为机会，并为市场和公司带来价值的学科"[②]。

创新与企业创业之间存在密切的联系，但两者之间也存在一定区别，即企业创业一般会促进业务单元的建立（公司层面战略的转变），而创新在大多数情况下则会促进新的内部流程或产品功能的

[①] R. Martin. *Opposable Mind: Winning through Integrative Thinking*. Cambridge, MA: Harvard Business Review Press, 2007.

[②] R. Arteaga, J.Hyland. *Pivot: How Top Entrepreneurs Adapt and Change Course to Find Ultimate Success*. New York: Wiley, 2013:20.

产生（业务层面战略的转变）。

颠覆性创新是一种较为有趣，也颇具影响力的创新方式。颠覆性创新在当下越来越流行，我们需要对其进行更为细致的研究，从而更好地理解可使企业通往长寿之路的创业思维的重要性。

长寿公司的战略发展周期

显然，即将出现的颠覆具有不确定性，对于许多商业决策者而言，颠覆也是他们每天都需要面对的挑战。就近取譬，我目前是大学的系主任。我不仅是商学院管理团队的成员，也是大学高层领导团队的成员。学校的各个层级都十分担心大型开放式网络课程（慕课）等在线产品会不会有朝一日取代课堂教学。学者们都着急地想要解答这一问题，但至今都未给出可靠的答案，甚至连比较模型都没有。

不过，颠覆性创新并不总是会破坏现有的产品或服务。例如，当录像影片出现在市场上时，电影院担心它们的商业模式会走到尽头。在之后的数十年里，我们可以看到，DVD取代了录像带，而奈飞等在线流媒体服务又取代了DVD，但电影院至今仍然屹立不倒。另一方面，在摄影行业，柯达事实上引领了数字摄影技术的发展，但它未能良好地适应这项新技术带来的颠覆性改变。前面提到，面临慕课即将带来的颠覆性改变，我们不禁会担忧课堂教育的未来，那么，我们又该如何看待此类事件呢？

在2003年出版的《创新者的解答》（*The Innovator's Solution:*

Creating and Sustaining Successful Growth）一书中，克莱顿·克里斯坦森和迈克尔·雷纳指出了现代以来的 67 种颠覆性创新[1]，并详细阐述了每种颠覆性创新的发生经过，以及大部分在位企业是如何对这些创新表现出不适应的。令人震惊的是，这一现象不仅仅发生在高科技领域，还发生在图书销售（巴诺书店对亚马逊的颠覆）、牛肉加工（通过制冷技术来集中屠宰作业）、社区大学（"2+2"的课程设计颠覆了四年制的学位要求）、戴尔电脑（颠覆了零售模式，并促进了大规模定制在计算机领域的应用）、支线喷气飞机、内窥镜手术、通用资本（颠覆了商业银行）、麦当劳、个人电脑（后被笔记本电脑颠覆，随后后者又被平板电脑颠覆，可能还会有后续产品对平板电脑进行颠覆）、小型钢铁厂（颠覆了世界上最大的钢铁制造厂）、西南航空（颠覆了航空产业）等案例或领域中。上面提到的例子有很多，这说明商界人士很容易受到颠覆性创新的影响。

克里斯坦森有关颠覆性创新的理论在学界和从业者之中产生了深远的影响。由一流顾问专家组评选出的"全球最具影响力的 50 大管理思想家"（Thinkers 50）曾在 2011 年与 2013 年两度将克里斯坦森列为"当今世界上最具影响力的管理思想家"[2]之一（榜单每两年更新一次）。他被认为是一位具有颠覆性的思想家，因为他富有远见卓识，能够看到产品的开发开始让位于新一波的发明、创新和大

---

[1] 来自于克里斯坦森和雷纳《创新者的解答》（马萨诸塞州剑桥市：哈佛商业评论出版社，2003 年）一书中的表 2-2。这张表格非常详细，出现于第 56—65 页。
[2] 关于 2013 年"全球最具影响力的 50 大管理思想家"榜单的全部内容以及相关新闻发布稿的回顾请见 http://www.thinkers50.com/wp-content/uploads/Thinkers50_2013_Awards.pdf。

众化时，创新就会显现一种特质，也就是创造性破坏的特质。我们在农业时代很难看到这一特质。不过，我们目前可能正处于一个史无前例的创造性破坏时期。这也是克里斯坦森的著作能引起人们浓厚兴趣的另一大原因。

克里斯坦森的论述更加有力。他认为，"良好的管理实践"是成熟的、地位稳固的在位企业面临颠覆性创新时失败的原因。在此基础上，他指出了一些作者、分析师与学者的错误，他们讽刺企业领导者任由新企业掌控市场的现象（纽柯钢铁击败美国钢铁就是一个很好的例子）。克里斯坦森指出，这些领导者只是做了我们所能料想到的事情——一般来说，他们会按照在商学院中所学的方式来处理事情。你们很快就会发现，在面临威胁的情况下，企业通常会向高档市场发展，并追求利润率更高的高端产品、放弃利润率低的大众化产品。这也正是迈克尔·波特提到的差异化战略。为了巩固资源，任何商科的教授或商界领导者都会支持这样的举动。但在颠覆的新时代，传统的应对方式并不奏效。那么问题是，为何这些方式不能奏效呢？

在回答这一问题时，我们需要注意纽柯钢铁采取的具体措施。这家小型钢铁厂原本并不出色，也只能生产钢筋产品。这种产品一般大型钢铁厂并不重视，因而它们很愿意放弃这块业务。但是，纽柯改善了这一产品的加工流程，且不久就能生产钢梁，紧接着是钢管，然后是优质金属板。最后，纽柯彻底淘汰了旧的工业技术——最初这些技术为纽柯提供了一个非侵入性的、小小的发展空间。类似地，沃尔玛一开始也只在小城镇发展，最后搬往了大城市，这是因为大型百货公司一开始愿意让沃尔玛在小城市中占据主导地位。

正如第三章提到的那样，颠覆具有一个鲜明的特质：尽管目标产品或服务的提供者和客户往往会将过去的绩效度量制度化，但实际上颠覆性产品会使最根本的绩效度量失效。从产品或服务的微观层面来看，这实际上反映了范式的转变——一项发明的初步影响会进一步带领它走向创新和大众化阶段。不过，颠覆性创新不会轻易占领市场，它们作为新范式的一部分，反映了一种根本性的变革。也就是说，颠覆性创新是发明—创新—大众化—开发这一基本循环的一部分。① 这一循环的顺序是不可逆的，它必须向前发展，直至得到最终的结果。

通过良好的适应及对何时主要采取战略、何时进行创新的了解，公司能够获得长期的生存——时间可以长达数十年，甚至数百年。公司会反复经历战略创业周期，在每个周期的结尾，企业创业都会发生转变，以适应不断变化的环境条件或者新的机会。随之而来的是对战略管理的密切关注，从而使这一模型能够较好地发挥作用。然后，公司会寻求下一个创业机会，并再次尝试创业。战略创业周期可能持续数十年，也可能仅持续短短数年，但公司的生存最终将取决于创新管理，它能正确预见并识别企业创业的新机会。

正如尼古莱·福斯（Nicolai Foss）与雅各布·林西（Jacob

---

① 在第一章中，我对宏观经济规模下“发明—创新—大众化—开发”的框架进行了回顾。

Lyngsie）在最近的论文中提到的那样："在战略创业下，公司似乎已经放弃通过战略来确保（任何一种）竞争优势的可持续性。它们转而追求一系列的暂时性优势。这些优势通常被认为具有'创造财富'的作用。"①

我们不妨联想一下 20 世纪 90 年代末乔布斯回归之后苹果公司的惊人发展。公司的发展得益于暂时性的优势，先是 iMac，之后是 iTunes、iPod、MacBook、iPhone、Apple TV、iPad、Apple Watch 等。一系列暂时性的优势使苹果获得了相当可观的财富，并使其在消费电子产品与音乐等更广泛的领域中占据了主导地位。

图 4.1 从理论上体现了长寿公司的战略发展周期，从中我们可以看到相对较短的创业阶段会带来不同的战略管理阶段，两种阶段相结合就组成了持续的战略创业模式。在此期间，当公司进行创业时，公司会通过战略管理来开发其竞争优势，并同时通过创业思维探索

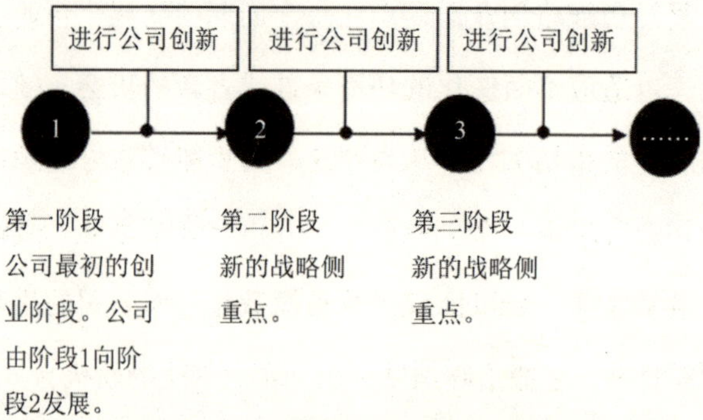

图 4.1　长寿公司的战略发展周期

① N.J. Foss, J. Lyngsie. The Emerging Strategic Entrepreneurship Field: Origins, Key Tenets, and Research Gaps. 2011, SMG Working Paper, http://ssm.com/abstract=1747711.

新的机遇。

图 4.2 则用图表的形式表现了同一长期过程，对不同创业活动带来的财务方面的结果进行了假设。在这一虚构的例子中，该公司首先尝试了几个风投项目，虽然收益不错，但只代表短暂的成功。最后，通过第三个创业项目，公司取得了巨大的成功。值得注意的是，图 4.1 中"第三阶段"这一环节可能意味着公司会进入另一个创业周期。公司如果想要长寿，就必须时刻做好准备——准备好在符合市场与公司标准的情况下，开展新的企业风险投资项目。

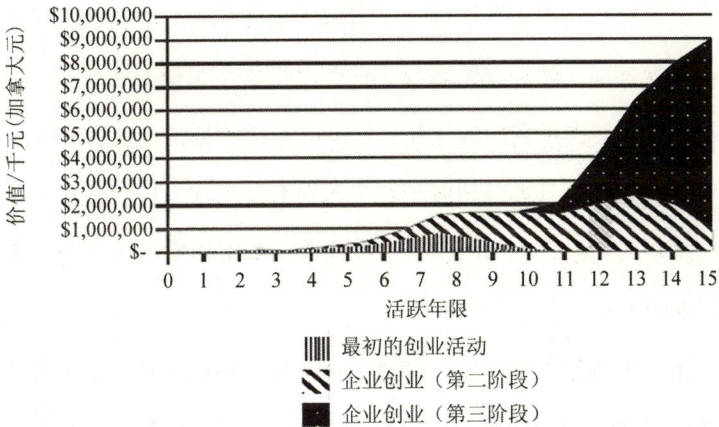

图 4.2 创业活动的假设收入

战略创业

战略管理有赖于资源、能力与技能的发现，从而公司能够利用已知的机遇，并应对已知的威胁。长寿的公司会进行战略管理，但此外还会采取许多措施。它们会进行战略创业，从而确保竞争优势的开发与未来创业机遇的探索之间能够保持较好的平衡。战略管理框架基本上是静态的，因此无法单凭这一个框架来应对世界上的各种动态变化。以往，准备不够充分的公司需要数年甚至数十年才会暴露这一缺陷，但在未来，随着环境变化越来越快，对于动态模式的需求会越来越明显。

关于战略创业，我最喜欢的一个例子就是本田公司及其首次进军北美的故事。故事发生在约 55 年以前，也就是 1960 年左右。那时，马龙·白兰度（Marlon Brando）与詹姆斯·迪恩（James Dean）的电影十分流行。这些电影歌颂了穿着白 T 恤和皮夹克的年轻叛逆者，并极大地推动了摩托车的普及。这些电影能使观众情绪高涨，让人不禁联想起美国勇敢的战斗英雄。可以肯定的是，二战结束仅仅 15 年后，作为一家日本公司敢于在美国西海岸出现，这的确是一种大胆的举动。不过，在 20 世纪 50 年代末，本田确实已经成为一支不可忽视的力量。

本田的创始人本田宗一郎是一位顶级工程师。对本田颇有研究的理查德·帕斯卡尔（Richard Pascale）是这样描述本田宗一郎的："他的动机主要不是商业性质的。应当说，公司充当了他释放创造才能的工具。"①

本田宗一郎对于赛车与最快、最高效、最有力地运用发动机饱含激情。直至今日，本田公司仍将自己定位为一家专注于开发发

---

① Richard Pascale. The "Honda Effect" Revisited. *California Management Review*, 1996,38(4):84.

动机动力与潜力的工程公司。近来，本田的创业成果已经催生了大
量的业内应用。例如，在工程技术方面，本田开发了阿西莫机器人
（ASIMO，Advanced Step Innovative Mobility，高级步行创新移动机器
人），它能够：

- 同步识别声音与人脸；

- 在多人会话情景下对声音进行识别；

- 预测一个人在几秒钟后即将行走的方向，从而避免碰撞；

- 改变自身行为以迎合对方的意图；

- 前后跑动，并单双脚交替跳跃。[1]1

本田为何要开发这样的机器人？因为它有这个能力。至少在
1986 年的时候，本田公司就有这个设想了——没错，在 1986 年就有
了。本田的目标是创造最早和最好的产品，然后考察如何将其商业化。
它的创业形式主要依赖于从工程实验室中产生创意，从而获得经济
收益。在阿西莫的案例中，机器人与人工智能技术不仅催生了许多
与机动车相关的机会，也推动了医疗保健（行走辅助）等许多其他
领域的发展。这些技术还能促进许多安全相关应用的诞生，其中就
包括测量机器人，这些机器人能够在核电站进行现场调查。
　　回到本田创业的故事上来。1960 年，本田希望开拓一个对大型

---

① 有关阿西莫的描述直接引自本田公司的网站：http://corporate.honda.com/innovation/
asimo.aspx，2014 年 5 月 5 日。

摩托车而言充满泡沫的市场。在那时的市场中，人们热衷于购买宝马、哈利戴维森和凯旋牌摩托车。当时的美国人有大把的金钱，也比较爱表现。在本田看来，上述情况足以成为公司进军美国市场的理由。拥有巨大需求的美国消费者们就算不欢迎这一品牌，也不会拒绝公司进入这一迅速发展的市场之中。

之后，一个由日本青年管理者组成的考察团被派往阳光充足的加利福尼亚州，他们需要对本田大型摩托车的分配与销售进行探究。但到达加利福尼亚州之后，这些年轻的管理者意识到，此地的公共交通系统与日本的公共交通系统大不相同。事实上，赶去开会就是他们在美国遇到的第一个问题。于是，他们向本国公司做了说明，并申请公司调拨几辆本田幼兽50，以供他们在美国赶赴会议时使用。

本田幼兽50是一种小型、轻型摩托车，发动机排量为50cc，而当时的摩托车排量普遍为650 cc至1200 cc。本田开发本田幼兽50的目的在于对抗助动车。助动车也是一种二轮车，它使用的发动机很小，一般固定在车上。骑车者在驾驶助动车时可以使用脚蹬骑行，也可使用发动机以一定的速度前行。助动车在通勤者中使用不多，而其在送货市场的应用也不多，且大部分使用者分布在欧洲。相较之下，本田幼兽十分轻便，一个人就能举起、搬动这部车。大型摩托车则完全不同，这些车不可能用人力举起，而且它们速度更快、声音更响，一般也会给人留下更深刻的印象。大型摩托车的购买者不可能考虑购买本田幼兽——这种车会让他们感到丢脸。

在20世纪50年代至60年代的美国，机动车取得了较大的发展。

其中，汽车的发展尤为迅速。在一般人看来，自行车是孩子骑的，摩托车是年轻的叛逆者骑的，而汽车是严肃认真的成年人驾驶的。那么，人们会怎么看待在旧金山的街头骑这种 50 cc 的、小小的幼兽呢？听起来，这些车更像是一群大黄蜂，而非一种适合年轻人的交通工具。

但令人惊讶的是，这些车的确吸引了一部分美国人的注意，虽然这与许多战略家以及营销大师的判断截然相反。美国人开始在这些日本管理者通勤的途中拦住他们，并问管理者他们是否也能买一辆幼兽。虽然他们从来没见过这样的东西，但是他们觉得自己能够承受这样的价格，也能承担后续费用，而且这种车在停车时比较方便，他们在驾驶的途中也能享受加利福尼亚的阳光，并让微风吹拂着他们的头发（那时还没有头盔）。于是，当场销售的方式取代了邮购的方式。后来，本田还与非摩托车商店（主要是一些五金店）签订了分销合同。最终，本田幼兽的产量大大增加，成了有史以来产量最大的机动车。在全球范围内，本田已经生产了 6000 万辆本田幼兽，这一成绩着实惊人。

与此同时，英国制造的摩托车在美国市场中的份额从 1959 年的 49% 下降至 1973 年的 9%。可以预料到的是，管理大师们能够看到日本的系统更好，并会争先恐后地参与其中。美国的公司则对他们的失算十分焦虑。当时的战略咨询顾问与战略学学者们绞尽脑汁拼凑出了一套理论，用于解释本田是如何预测并利用市场缺口，如何进行生产并让美国与欧洲的制造商望尘莫及的。学者与顾问们对"本田效应"大加宣传，认为更加细致的市场研究与分析、产量预测以及战略定位对对抗本田、丰田、索尼等日本公司有条不紊的战略部署至关重要。这催生了一个全新的研究与咨询领域，这一领域的研究目标在于揭示日本公司的管理奥秘。战略专家们设立了实地考察日。在这一天，这些专家会前往日本工厂，探寻公司在阶段 2 中获得持续成功的神奇方法。

不过，咨询顾问理查德·帕斯卡尔却选择了一条不同的道路。与其他顾问一样，他也前往日本考察，但是，他的关注重点在于本田最初的考察团队，而非对工厂与董事会会议室进行细致的研究。他询问那些已经被人们遗忘的管理者，问他们最初将本田幼兽带到美国时想的是什么，他们采取了什么战略，他们进行了哪些分析与预测，他们是如何预料到项目的后续发展的。

这些管理者告诉他的答案和之前管理顾问设想的情况完全不同。事实上，考察团受到战略规划、产量规划与市场分析的影响较小，他们考虑得更多的是创业与创业思维。他们只是听从自己的直觉，解决了眼前最紧急的问题——客户订单。最初的战略要求他们开拓一个发展良好、充满活力的大型摩托车市场，但订单需求让他们将这一战略搁在一边，转而探索充满未知、具有较高风险、需要创业精神的本田幼兽市场。情急之中，这些管理者忽略了总部对他们的要求，并抓住了这一意外出现的创业机遇。战略学大师亨利·明兹伯格（Henry Mintzberg）曾用本田的例子来阐述"新出现"的战略对"已制定"的战略的补充作用。在合理的情况下，本田的团队偏离了最初制定的战略。如此一来，他们也推动了战略创业领域的进一步研究与发展。

本田的团队也认识到，战略执行的关键就在于行动，即通过完成交易、赢得客户并卖出产品来实现目标。在西方的研究中，学者们倾向于在规划上花费大量时间。规划固然重要，但正如本田的例子所表明的那样，"行动"才是关键，唯有行动才能让规划真正落地。

有趣的是，帕斯卡尔提到"日本对于采取单一战略持怀疑态度"，而这一论断与这一案例的其他研究者及当时日本管理界的其他成功案例相矛盾。帕斯卡尔通过采访了解到本田考察团总是会留意周边情况，而在企业管理中，这"对于察觉客户、技术或竞争的变化至关重要，且对于公司的长期生存也十分关键"[①]。

可以说，留意周边情况、探索新机遇是另一种对创业思维的理解。本书的后半部分将考察创业思维对企业创业与战略创业的驱动作用。值得注意的是，如果没有正确的组织文化，本田的案例就不会发生。在第七章中，我们将讨论组织文化元素会如何激励创业思维。

有人可能会问，当今大公司的主流文化是什么？公共领域的一些文件能够帮助我们解答这一问题。随着时间的推移，许多公司已经制定出了能与最高政府组织相匹敌的官僚体系和规则。你可以寻找任意一家在东京证券交易所或纽约证券交易所上市的公司的信息通告，然后直接查看薪酬板块，并研究一下管理报酬是如何确定的，

---

① Richard Pascale. The "Honda Effect" Revisited. *California Management Review*, 1996,38(4):80.

以及收购等重大事件发生时、公司高管被解雇或退休时，公司采取了哪些措施。如此你就能体会到北美公司的法律复杂程度，这种复杂性消耗了大部分公司关键领导者与董事会的大量精力。你也可以看看这些公司财务报表的说明。这些文件要求公司侧重对现状的保护与维持，而非像本田管理者在20世纪60年代那样重视创业与行动。

在引言部分，我提到，本书的第一部分讲的是创业为何会在当下成为一个热门话题。这与公司的适应能力、解读瞬息万变的市场与技术的能力，以及转变发展节奏的能力存在很大的关系。在这里，我要再次引用IBM前首席执行官路易斯·郭士纳的话："长寿需要的是做出改变的能力，而不是固守原有的东西。"除此之外还有什么呢？要想生存，公司必须能够有效地审视、解读、理解、分析变化的环境条件，并对它做出有效的回应。

本章小结

本章的主要内容有：

1. 长寿的公司会经历一些变化周期，这需要公司进行战略管理，以开发竞争优势，并把握当下的机遇。公司也需要通过企业创业来探索新的机遇，从而应对新的技术条件、经济条件、人口变化、规则变化和全球竞争等。

2. 战略创业是一个全新的研究领域，旨在理解成功公司中战略管理与企业创业之间的平衡。

3. 长期以来，商学院研究并教授战略管理，但它们几乎不了解大公司是如何进行企业创业的。

4. 创业思维能让现有的公司进行企业创业，从而推动战略创业，促进企业管理的长期平衡。

第五章

创业思维与人脑的"双核"处理系统

> 英语中的"paradox（悖论）"一词来源于两个希腊语
> 单词："para"和"doksos"，意思是超越教义或超越观点。
> 当你开始有意或无意地尝试调和明显互相矛盾的事物时，悖
> 论就出现了。悖论体现了互相矛盾的事物能够共存而非互相
> 排斥的能力，也就是说它们可以同时存在，而非两者选一。
>
> ——理查德·罗尔（Richard Rohr）①

到目前为止，我们已经了解了一个战略创业的新理论，即公司
要在战略管理与企业创业之间保持平衡。不过，我们也可以将战略
管理与企业创业看作一组矛盾的概念，因为战略管理侧重稳定性与
坚持，而创业更多地与冒险、改变以及创新有关。60多年以来，商
学院与管理者们十分重视战略管理，将其视为阶段2中公司业绩提
升后的唯一框架。相较之下，商学院与管理者们认为企业创业处于
边缘状态，且与战略管理完全矛盾——你只能追求其一，而到目前

---

① Richard Rohr. Daily Meditation. 27 July 2014; 改编自: Rohr. *Breathing Under Water: Spirituality and the Twelve Steps*. St Anthony Messenger Press, 2011:53.

为止，战略管理占据了主导地位。因此，我要对这一权威观点提出挑战。我支持沃尔特·基希勒在《战略之王》中提到的观点，即公司必须在维持战略管理手段的同时，"有意地"进行创业。两者之间的微妙平衡是成功的必备因素。

在上一章中，我主要把本田的例子当作一个有趣的故事来讲，并将创业思维与工作量较大、花费较多的战略规划和战略定位进行对比。从产出的角度来看，这体现了获得持续竞争优势这一预先设定的、虚幻的目标与通过创业行为追求新机遇这一投机活动之间的差别。事实上，在内心深处，每位企业领导者都希望能够坐享其成，不用发明创新就能保证组织的长久运营，并实现财富的持续增长。然而，证据表明，一家公司只有同时采取战略管理与创业行为，才能适应环境的变化，才能在技术革新、客户需求改变、竞争强度升级时把握新的机会，实现繁荣发展。在本章中，我将着重讨论创业行为的起点，也就是创业思维。

人类的思维模式

丹尼尔·卡尼曼（Daniel Kahneman）是一位伟大的学者，主要研究认知对不确定性条件下的决策行为的影响。卡尼曼与其长期合作的同事阿摩司·特沃斯基（Amos Tversky）共同提出了前景理论，这项成就足以让他们赢得诺贝尔经济学奖。为什么是经济学奖？因为他们证明人们在进行决策时并不遵循理性的效用理论，而是会在认知框架下权衡得失，并将参照点与大量启发式论据考虑进去，最后才做出判断与选择。

　　卡尼曼最近的工作是将自己所有的知识汇集起来，让那些没有相关知识储备的人能够更容易地理解他那些较为复杂的研究项目中的所有术语、神经病学知识和精神分析学知识。在《思考，快与慢》（*Thinking Fast and Slow*）一书中，卡尼曼解释道，人类有两种思维系统。系统1是快速且基于直觉的。马尔科姆·格拉德威尔（Malcolm Gladwell）在《决断两秒间》（*Blink*）里也提到了这一点。我们通常会对某一情景做出快速的、基于直觉的，有时甚至是本能的反应。虽然对于有些人来说，每次都克制冲动不去使用系统1是有难度的，但对于做出最佳决策而言，反思、分析以及大量的数据是至关重要的，这就涉及了系统2。我们可以这样看待系统1与系统2的区别：系统1更像是一种反应方式，而系统2则更像是一种应对方式。系统1基于情绪，而系统2基于理性论证。由于系统2比较艰难缓慢，所以我们的大脑经常会拒绝这一系统，推动我们直接选择系统1。然而事实上，系统2一般更可靠且更有效。我在这里用了"一般"这个词，这样做的原因你很快就能在下文中看到。图5.1对卡尼曼的快与慢两种思维系统进行了概括。

　　让我们接受这一事实吧：如果我们用系统1就能解决所有问题，那么我们的生活就能变得简单许多。运用系统2相对艰难，因为通过系统2分析出的结论可能会和直觉相抵触。不仅在个人生活中是这样，在企业中亦是如此。我们想要探求清楚、简洁的答案，但公司、

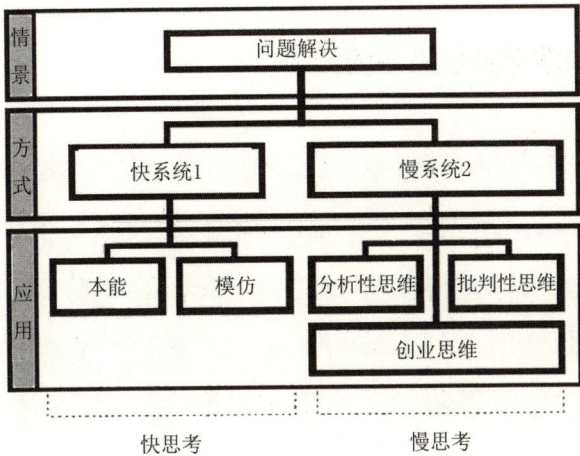

图 5.1 卡尼曼决策思维系统概览

市场、技术等要素都是复杂混乱的。没有一个人的直觉在所有情况下都是正确的，且大数据的神奇力量还不足以让我们轻轻松松就找到问题的答案。对于每一天、每个新想法、每个新的竞争产品及每个新的消费者内在需求的决策都需要越来越多的考量，因此我们必须在系统 2 的思维框架下进行决策。

卡尼曼的这一框架十分有用，为研究不同的思维模式及不同的参与系统 2 的方式提供了一个背景。我在这里只对这一框架进行了概述，因为我在这里必须指出：系统 1 并不在本书的讨论范围内。每个组织里的每个成员每一天都会依据直觉或日常经验进行决策。在大多数情况下，这些决策会被执行下去；不过，当公司将创业思维作为基础之后，一些系统 1 中的决策就会转移到系统 2 中去。尽管如此，出于分析的目的，我希望你记住，本书中研究、考察的是属于系统 2 一类的决策，为此你一般需要搜寻数据与信息。

拥有双核处理系统的大脑

学术研究得出的思维模式是多种多样的，但为了更好地在这里进行探究，我想着重说明一下批判性思维和创业思维的区别。批判性思维是商业决策中最常用的启发式方法，正如第四章所述，这一思维模式依赖于：（1）问题识别；（2）探索各种可供选择的方案；（3）基于可用数据选择最佳方案。这种解释虽然比较简洁，但在现阶段已经足够使用。

之所以需要提到批判性思维，是因为与基于直觉的决策，或者说系统1相比，这种思维模式具有巨大的优势。一般情况下，儿童在成长的过程中会经历许多失望与嫉妒，因为家长或老师等其他拥有权威的成年人得到了他们想要的，而儿童们并不是每次都能明白为什么他们的行为会得到否定的回应。这经常会让儿童形成一个世界观，即成年人能够得到他们想要的，是因为他们拥有权威。此时，推论就被转化为了个人观点。让我来给你举个例子。

我在大学里为一年级新生上导论课程，让他们为接受商学院教育做好准备。我问这些一年级新生：“这里有三张海报，你觉得市场部经理会选哪一张呢？”大部分学生凭直觉即按系统1做出了选择。他们的选择依据有自己最喜欢的颜色、最喜欢的空白与内容的组合、对图像中某个人物的喜爱等。与之相反的是，批判性思维要求人们先退一步来问自己几个问题，例如，问题的关键是什么？我们想要吸引的对象是谁？我们想要推销的是什么？我们的客户是谁？对商学院的学生以及商界人士而言，拥有批判性思维非常重要。但对于当下以及未来的公司员工、监督人员、管理者和领导者来说，仅仅拥有批判性思维就够了吗？

　　图 5.2 描述了几种不同的思维模式。这张图无意包含所有的思维模式，但其中涉及的思维模式能够帮助我们结合背景来理解创业思维以及人脑的双核处理系统。横轴的左侧代表的是对最佳（或"最正确的"）答案的追求，右侧代表的是对模糊性的接受，而最右侧则代表对正确答案的不了解。其中，能够用一个简单的答案解决的问题是具有确定性的，但情况并不总是这样。未知的未来是最富挑战性的，面对更加复杂的长期决策，人们可能会认为处于图 5.2 最右侧的决策模式是最有效的。

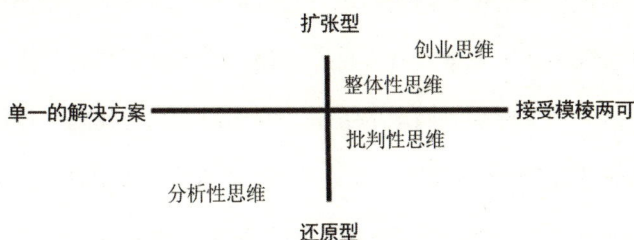

图 5.2　思维模式的类型

　　纵轴体现的是扩张型决策模式与还原型决策模式的区别。扩张型决策模式指的是在更为开放的情境下进行决策，这一模式认为更好的选择马上就会出现，相较之下，还原型决策模式在方案的选择与后续的执行上会受到更多的时间限制与规则的约束，因此一般会和预先制订的计划保持一致。这张图中的各种思维模式没有对错之分。我们在这里讨论这张图只是为了帮助你理解每种模式可能带来的结果，并帮助你在某些问题和情境下应用适当的模式，从而获得预期的结果。

分布在图 5.2 左上角的是这样一种情况，即完美的解决方案是唯一可接受的结果，因此这一模式会不断扩张，直至找到一个完美的答案。我将这一模式称为"完美思维"模式。用更直白的话来说，这一思维模式意味着拖延、推迟、延后、犹豫、悬而未决。决策者一般很少会刻意使用这一模式，但当他们不知该采取何种措施时，往往就会选择这一模式，也就是说，这是一种常见的回避手段。[1]

然而，完美模式曾在古巴导弹危机中得到了成功的应用。当时，美国总统肯尼迪坚持在内阁内进行更多的讨论，寻求一种能获得内阁一致认同的解决方案。有人可能会说，寻求共识绝不意味着寻求完美，这只是一种解决问题的方法。肯尼迪只是想找到一种能让所有内阁成员满意的解决方案。坦白来说，今天我们大部分人能活着，就是因为肯尼迪当初决定不退缩，且不采取军事行动。古巴导弹危机是一场紧张激烈的闹剧，我们能看到许多相关的参考资料。为了对团队决策有更加深入的了解，我希望你能查阅这些资料，其中包

---

[1] 在涉及多重利益的复杂情况下，拖延可以成为寻找完美解决方案（或者至少是最佳解决方案）的有效手段。但事实上，拖延经常被当作一种回避手段。皮尔斯·斯蒂尔对此进行了细致的研究，可见 *The Procrastination Equation: How to Stop Putting Things Off and Start Getting Things Done*. New York: HarperCollins, 2011.

括一些非常不错的录像、电影与重现这一事件的视频。或者，你不妨阅读格雷厄姆·艾利森（Graham Allison）的《决策的本质：解释古巴导弹危机》（*Essence of Decision: Explaining the Cuban Missile Crisis*）。[①]

"分析性思维"这一术语表示组织中每天都在发生的分析行为。我们不妨考虑一下成本上涨（通货膨胀）时产品利润下滑的实际问题。分析性思维会以特定的方式来呈现数据，并按照具体要求来定义利润，这就需要对交易量、汇率、销售计划等影响因素进行敏感性分析。分析性思维会侧重于其中一组条件，它能为比率、趋势、相关性等问题提供较好的决策支持。分析性思维能帮助管理者对某一产品的最佳交易量、产品特性、销售计划、分销渠道等问题做出最佳决策。

分析性思维体现了一种还原型思维，因为这种思维仅收集有限的数据，并对这些数据进行提炼与整理，从而为决策者提供更为有用的信息。这一方式具有明显的优点，但它还不够全面，无法应用于所有决策，尤其是那些复杂的决策。

从多个层面来看，批判性思维都可以被视为分析性思维的延伸。许多战略决策是基于批判性思维做出的，这一思维模式能对产品面临的利润压力进行分析，但也包含对其他重要问题的选择。例如：我们是否要将生产外包？我们是否要更换机器以制造全新的产品？如果我们卖掉工厂、解散销售团队，我们该如何对资金进行最佳部

---

① 格雷厄姆·艾利森的《决策的本质：解释古巴导弹危机》出版于1971年。有关古巴导弹危机的机密信息被披露后，1999年，艾利森和菲利普·扎利柯一起对这本书进行了修订。

署？当我们具备对各种选择进行比较的能力时，我们就会较少地受到可用数据的限制，较多地受到看待问题的方式的影响。问题可能在于用何种方式能够最高效地生产产品，也可能在于用何种方式能够最有效地销售产品，或者产品应具备哪些特性。我们也可以在更广泛的背景下思考问题——例如，我们公司的业务是什么？公司应该从事哪些业务？这些问题可能过于简单，但是分析性思维对于"业务层面"的战略决策（"我们应如何在选定的业务范围内进行有效竞争？"）而言，有时可以成为一种有效且高效的方法，而批判性思维对于"公司层面"的战略决策（"我们应从事哪种或哪些业务？"）而言则是必不可少的。

许多高效能的专业人士、管理者与领导者拥有丰富的知识与经验，他们知道何时应采取分析性思维，何时应采取批判性思维。例如，负责油田储量评估与产量预期的工程师会充分利用专业技能与标准进行准确有效的分析。又如，撰写意见书的律师会对适用的判例法进行彻底研究，并提供相应的专业意见，其中包括通过统计验证等方式对成功的可能性进行可靠的估计。上面的例子都体现了对思维模式的合理应用。在某些时间、某些场合，工程师与律师会寻求石油提炼与纠纷解决的新方法，这就需要批判性思维，有时甚至需要创业思维。我之所以在上面用图将各种思维模式清晰地呈现出来，是因为我想指出，即使在系统 2 中，成功与否在很多情况下也取决于决策者能否合理运用工具对问题进行处理。

我们能在图 5.2 的右上角中看到两种思维模式：创业思维与整体性

思维。如前所述，我认为创业思维在当下更为重要，但目前人们普遍对批判性思维更为重视（这在本质上反映了对战略管理流程的支持）。

在罗杰·马丁[①]看来，整体性思维是一种能真正体现战略创业的思维模式。整体性思维代表了对两者选一的解决方案的否定，以及对两者全选的解决方案、同时采取两种手段的能力（马丁把这种能力称为"整合思维"，而我在研究中把它称为"认知适应力"）的认可。换句话说，多重视角的组合能为整体性思维带来平衡。最重要的是，有效的战略创业需要批判性思维（从而对战略管理进行思考），也需要创业思维（为了企业创业），唯其如此，才能形成整体性思维，达到战略管理与企业创业的平衡并发挥其潜在的协同作用。这就像双核微处理器的运行模式，这种模式彻底改变了计算机，使其能够同时处理多项任务，而非只选择其中一项进行处理。

正如上文所述，我无意在图 5.2 中列举所有的思维模式，只是提到了几种读者可能会感到疑惑的思维模式。创造性思维和设计思维都属于扩张型思维，而且都可以接受模棱两可的状态，因此这两种思维模式以及相关的变体应该出现在图 5.2 的右上角。同时，我们可以在创造性思维、设计思维、整体性思维和创业思维之间看到一定的联系，而罗杰·马丁特地为设计思维和整体性思维之间的联系提供了一些背景。

由于这是一本商业类的书，所以我认为这里应该主要讨论创业

[①]　参见：Roger Martin. *The Opposable Mind: How Successful Leaders Win through Integrative Thinking*. Cambridge, MA: Harvard Business School Press, 2007.

思维，因为创业思维具有明确的目标，即为商业情景寻找创业方案。创造性思维以及设计思维在一些情景下非常有效，不过它们并不适合所有的情景。其中的调节因素具有很高的倾向性，受到个人特质的极大影响。换句话说，就设计思维而言，艺术家可能马上就能领会，但工程师就不一定了。我觉得与创业思维有所联系的读者应该与商业领域的关系更加密切。

图 5.2 为我们呈现了几种不同的思维模式，但为了对批判性思维与创业思维加以区分，并对整体性思维这一双核处理模式带来的机会进行更为全面的了解，我在这里列出了表 5.1。

表 5.1 理性还原主义和创业扩张主义的比较

	理性还原主义（批判性思维）	创业扩张主义（创业思维）
追求	问题解决	机会寻找
主要关注点	开发	探索
准则	单一的最佳方案	多种方案的组合
方式	限制条件下的优化	挑战限制条件的创新
思维模式	固定型	成长型
思想轨迹	线性	迭代
调查	本地	本地及远方
对未来的假设	已知的概率与分布	奈特式不确定性，伴随着前景预测
创新的特点	渐进型创新，能够提高能力	颠覆性创新，能够提高或破坏能力
商业规划	刻意的主动	信念基础——不断试错
优势的来源	市场势力或独特的资源	熊彼特的创业者优势
新风险项目的发展	全面的商业计划	精益创业

不管是基础的还原主义还是理性的还原主义都体现了解决问题这一开发性过程。批判性思维更多地用于对明确的问题的解决。相比之下，创业思维——尤其是巴尼和阿尔法莱兹的机会创造[①] 理念——更多地涉及创造或发现可为公司利用的、未开发的新机遇这一探索行为。从这层意义上来说，思维模式在情景设置问题上就存在分歧。

理性还原主义思维提倡的就是在限制条件下对遇到的问题进行优化。这要求运用这种思维模式的人必须十分睿智。我当然不会贬低这种思维模式的价值，但我们必须意识到这种思维模式与创新截然不同，后者会对特定情景中的限制条件提出挑战。因此，创业思维必须考虑所有的可能性，而且，它必须以成长为导向，相关描述可见于卡罗尔·德韦克（Carol Dweck）[②] 大量有关固定型思维模式与成长型思维模式的研究。另外，只要情况合适，理性的还原主义者拥有固定的思维模式也是无可厚非的。诚然，在比较生产特征时，某些时间、某些场合可以专注于相关数据而不去探索新机遇。这完全取决于对问题以及任务的定义。在下一章中，我将继续探讨增长型思维模式，从而对创业文化进行更加详细的讨论。

对于理性还原主义思维而言，其思想轨迹必然是线性的，这包括对组织以往经历的思考、对行业标准的思考，以及对追求目标（应

[①] S.A. Alvarez, J.B. Barney. Discovery and Creation: Alternative Theories of Entrepreneurial Action. *Strategic Entrepreneurship Journal*, 2007,1(1-2):11-26.

[②] C.S. Dweck. *Mindset: The New Psychology of Success*. New York: Ballantine, 2006.

该追求效率、销售量还是产量等）的思考。从这层意义上来说，这种思维模式下调查的一般都是当地的情况，虽然寻求（地理上的）远方思想的情况也屡见不鲜。理性还原主义很少会在国内行业与公司以往经验之外寻求想法。这在很大程度上是因为理性的还原主义推理需要未来或多或少具备一定的可预测性，这种可预测性在很大程度上来源于以往的经验，而且这种可预测性的误差范围不能太大。

相较之下，创业扩张主义思维认为未来充满不确定性，因此在这个阶段，各种扩张主义思维模式之间存在很大的不同，这需要对不同行业采用的成功方法或以前从未尝试过的方法进行更为深入的探索。与线性的思想轨迹相对，扩张主义思维需要迭代的思想轨迹，这对于管理层而言可能非常令人沮丧，而且它是无法预测的。尽管如此，我们的研究表明，为了取得成功，管理层必须做出前景预测，预测在这个充满不确定性的世界里，创新将如何有效地发挥作用——这肯定是具有挑战性的，更多讨论可见于与领导及实施相关的章节。

理性的还原主义推论方式肯定会带来创新，但是这些创新大多数是逐渐推进的，而且能够提高公司的能力，从而按照公司设定的轨迹促进公司的成长。制定商业规划是一项严肃的任务，它涉及大量的会议、讨论和谈判，还涉及出台文件以向组织全体成员描述目标、指标以及清楚的发展方向。竞争优势通常来自于比竞争对手更强的执行能力。公司也需要在产品供给、销售网点、营销等方面达到最有效点，这些因素能够带来品牌忠诚度、市场份额和市场势力，从而使公司取得竞争优势。

创业扩张主义不太需要稳定增长的方式，它更需要通过颠覆性创新和颠覆性技术来实现重大突破。一些颠覆性创新和颠覆性技术能够提高公司的能力，而另一些则不然。学界有一个不太好的术语被用来描述创新无法提高公司现有能力的情况，那就是"能力破坏（Competence Destroying）"。我之所以说这个术语不太好，是因为这些能力事实上并没有被破坏；相反，这一术语实际上反映的是再训练、扩展、学习和使用替代能力的可能性。所以，这个术语其实并不恰当，但不幸的是，它已经在文献中大量出现了。

在创业扩张主义这一栏（表5.1），采取这一模式的企业会将商业规划准备好，但并不会将其正式化。在这里，商业规划更像一般性的指导方针，而非需要被按部就班地执行的实际的计划。银行家喜欢商业规划，但创业型组织的领导者更关注他们对未来的信念，以及他们在试错过程中生存下来的能力，并希望这些尝试能为他们带来一些新的、令人惊奇的事物。

战略创业讲究的是战略管理与企业创业之间的平衡，但从实践角度来看，现代公司是战略管理的机器。为达到战略管理与企业创业的平衡，领导者与管理者必须了解批判性思维与创业思维之间的区别。

本章小结

本章的内容主要有：

1. 为更好地理解可靠的创业思维，我们必须关注系统2（即超越直觉的思维）。

2. 创业思维属于扩张型思维，能够接受模棱两可的状态（与追求单一的最佳答案相对）。

3. 本章提供了全面的比较，清晰地区分了理性的还原主义批判性思维和扩张主义的创业思维。战略创业需要在这两种思维模式之间保持平衡。

第六章

关于创业动机的思考

> 20 年后，与做过的事相比，那些你没有做过的事会更让你失望。所以，解开帆索，离开安全的港口，在信风中启航吧。去探索。去追梦。去发现。
>
> ——马克·吐温[①]

为了更好地理解某一行为的根源，学者们一般会深入探究某些现象的"微观基础"。例如，为了更好地理解企业组织内部的某一创业行为，学者们往往会深入探究创业选择的各种微观基础。那么，我们有可能更好地理解决策者的想法，理解促成他们选择某一探索行为的认知因素吗？我们有可能更好地理解那些可以如双核处理器一般高效工作，并通过认知适应力与整体性思维同时处理好探索与开发活动的管理者吗？上述问题是我和奥列克西·奥西耶夫斯基（Oleksiy Osiyevskyy）共同领导的研究团队所要研究的。奥列克西是我之前指导的博士生，他目前是东北大学（Northeastern University）

[①] Top 32 Quotes Every Entrepreneur Should Live by. *Forbes*, 2 May 2013, http://www.forbes.com/sites/tanyaprive/2013/05/02/top-32-quotes-every-entrepreneur-should-live-by.

达莫尔－麦金商学院（D'Amore-Mckim Business School）创业教育中心创业与创新专业的一名助理教授，该大学位于美国的波士顿地区。

应对颠覆式创新的思维模式

为了使研究结果不受所选行业的影响，我们对研究对象进行了仔细的挑选，这些行业涉及一些广为人知甚至被大力宣传的技术模式或商业模式的改变，这些改变十分巨大，可能会破坏甚至淘汰目前占据主导地位的生产与运作方式。为了在组织规模、私有制及私有化视角与公有制及公有化视角、制度化与发展进化等方面进行多样化考察，我们选取了两个情况完全不同的行业。首先，我们考察了网络信息共享的发展对房地产经纪人的威胁；其次，我们研究了大学行政管理人员对网络教育的忧虑，其中最引人注目的就是对慕课这一大规模开放式在线课程平台的忧虑。

第一项研究拓展了早年一项针对房地产经纪商的研究，它再次展现了对于危机与潜在机遇并存情形的认知差异。我们认为，房地产经纪业与大学之间的差异十分显著，这也符合我们的研究结果。房地产经纪业是一个分裂的行业，一般由地方性的小型运营商或私营业主组成，而大学则属于大型的机构组织，大部分接受政府的资助。在房地产经纪业与大学之间，我们唯一可以看到的共同点是，房地产经纪商与大学的领导者都面临着运作模式遭受重创的威胁，因而这些最高决策者都需要明确决策角度、确定决策意图。下面，我将简要地对这两个行业进行描述。

在历史上，北美房地产经纪商的主要商业模式在很大程度上取决于对信息的控制，这需要掌握具有独特价值的资源，即具有垄断性的多重上市服务（Multiple Listing Service，MLS）系统。这一系统包含本地房地产市场最全面的信息，且这一系统的运行者和／或服务对象一般是本地的房地产经纪商协会。多重上市服务系统的数据库包含许多信息，例如某间房子挂牌出售的时间段、挂牌价格、销售价格、房间布局、照片、原房主信息、翻新情况——这一系列信息十分有价值，是潜在买家想看而在其他地方看不到的。

由于客户不能直接进入多重上市服务系统，在历史上，买家必须找到经纪商才能获得相关信息，这一需求持续推动大量客户寻求房地产经纪商的帮助。在互联网时代来临之前，包含房屋出售信息的多重上市服务系统书刊每周都会出版。多重上市服务系统的独享性在市场进入以及对房地产经纪商的保护问题上设置了巨大的障碍。一直以来，房地产经纪商都非常聪明，他们将获取多重上市服务系统中的信息与合同谈判及执行等一系列综合性服务捆绑起来。他们也对服务进行监管，从而确保专业性。这提高了行业的准入门槛，并保护市场免受外界的干扰。

然而，自21世纪初期以来，出售房产的信息可以发布到网站上，这一颠覆性技术为各种颠覆性商业模式（折扣经纪商、单一发布服务、房主自售服务）打开了大门，也使行业发生了变化。在其他经纪行业中，去中间商化迅速发展，其中就包括证券行业（嘉信理财）

与旅游行业（艾派迪、旅游城网等）。相比之下，出于各种原因，房地产经纪业的变化就缓慢许多。但是，到了2010年秋季，加拿大的房地产经纪业发生了翻天覆地的变化。业内监管机构与加拿大联邦竞争局将折扣经纪服务（如收取固定费用后可在多重上市服务系统中挂牌）合法化，这样就使传统房地产经纪商失去了保护，也就是说它们失去了对多重上市服务系统的垄断。

面对监管的变化，各房地产经纪商的反应大不相同。一些经纪商开始尝试新的商业模式，但大多数经纪商还是固守原有模式，认为新的商业模式可能会使利润减少。这些在位企业的反应是完全可以预料到的，在航空产业（出现了西南航空折扣模式）和零售业（出现了凯马特、沃尔玛，以及亚马逊等最新的电子商务模式）中我们也能看到类似的反应。所有行业中的在位企业一般都会拒绝改变。

我们针对加拿大两个省的房地产经纪人（经纪公司经理）策划并开展了一项在线调查，最后收到了241份有效回复。

另一方面，在网络教育的威胁逐渐形成的关键时刻，我们也对高等教育行业进行了研究。几百年来，大学都在较为稳定的环境下运营，且大部分大学采用课堂授课模式。但在最近，科技的进步形成了一股颠覆性力量，慕课与在线学位修读课程在高等教育行业中掀起了一些波澜。在高等教育行业，以往也存在一些其他的模式，其中的一些侧重于教学水平，与研究没有直接联系，或者减少了体育运动、学习中心与图书馆的运营费用与负担。但是慕课引发了大学更多的担忧，因为这一模式可能会完全取代课堂教学，且这一模式下的教育不需要实体的基础设施建设，也无法从实体的基础设施建设中受益。

在我们进行这项研究之时，慕课带来的威胁正在增加。这种模式似乎能完全取代传统教育。1998 年，在美国有资格颁发学位的机构中，仅有 34% 提供在线授课服务；10 年之后，这一数据上升至66%，1200 多万名学生接受了在线教育。① 更加令人吃惊的是，1998年，仅有 1230 个颁发学位的项目和 340 个颁发证书的项目在网上授课；到了 2007 年，在网上授课的颁发学位的项目已经增至 7418 个，颁发证书的项目也已增至 3822 个。②

一些观察者认为，提供教育的新方法有可能将"成熟"的社会化教育经验降格为一系列特殊的个人追求；另外一些观察者则认为网络技术不仅使新的教育方式成为可能，而且打开了重新思考整个教育范式的大门。我们与美国、加拿大、澳大利亚与新西兰的一些大学的高级管理人员取得了直接联系，最后收到了 173 份有效回复。由于调查对象都是教务长、副校长级别的高级管理人员，因此我们对调查结果的有效性十分有信心。

上述两项研究涉及不同的行业背景和占据主导地位的商业模式，通过这两项研究结果，我们对以探索—开发战略创业模式为基础的框架进行了测试。该框架如表 6.1 所示。

① K. Guruz. *Higher Education and International Student Mobility in the Global Knowledge Economy*. Albany: SUNY Press, 2011.
② B. Parsad, L. Lewis. *Distance Education at Degree-Granting Postsecondary Institutions*. Washington: National Center for Educational Statistics, US Department of Education,2008.

表 6.1 在位企业对颠覆性创新的反应[①]

		是否对现有业务模式进行开发性强化	
		否	是
是否探索性地采用颠覆性商业模式	是	组别 2：单纯的探索：采取新方法，代表企业创业	组别 3：两者的综合（在一家公司或衍生公司中）：代表战略创业
	否	组别 1：反抗与拒绝：捍卫原有的习惯	组别 4：单纯的开发：渐进型创新，代表战略管理

　　我们的框架为研究企业做出（或拒绝）改变的倾向性提供了有用的方法。预料之中的是，输入数据之后，我们发现大部分（超过60%）在位企业属于组别 4（单纯的开发），这反映了单纯的战略管理模型下的决策。我们也发现一部分组织将自己定位到组别 1 中，这些组织所占的比例也比较合理。虽然组别 1 在某些条件下可以反映某种应对策略，但它也可以反映战略的缺失，因此我们不认为组别 1 代表了某种特定的立场。企业创业与组别 2 最为接近，这部分调查对象占据的比例最小。这一调查结果表明，企业普遍对变化十分恐惧，它们在应对新鲜事物上存在弱点，且缺乏内部能力，因而无法对颠覆性创新做出有效回应。企业无法以创业者的身份对颠覆性创新做出回应，这也促成了新的研究领域的诞生。

　　相当比例的被调查者采取了综合的战略创业的方式，这体现在组别 3 中。表 6.1 仅体现了某几类被调查者的回应，我们这项综合性

[①] 改编自：O. Osiyevskyy, J. Dewald. Explorative versus Exploitative Business Model Change: The Antecedents of Firm-Level Responses to Disruptive Innovation. *Strategic Entrepreneurship Journal*, 2015:58–78.

研究的所有研究结果总结如下：

● 机会识别是创业行动的先决条件。换句话说，除非看到明显的机会和更好的出路，即使管理者觉得他们的谋生手段受到了颠覆性创新的威胁，他们也会对颠覆性创新进行抵御与抗争。这在很大程度上解释了为何在位企业会对变革产生抵触。例如，即使拒绝变革会导致破产，一些北美航空公司至今仍拒绝采用西南航空的模式。因此，即使失败即将来临，缺乏对机会的感知也会导致"威胁—僵化"的反应。

● 先前积极的风险经历能够推动创业行为。我们发现，过去在尝试高风险战略举措时取得成功的管理者会对新机遇进行更多的探索。这体现了对学习理论的合理应用：过去做成的事可以再做一次。总之，尽早尝试，尽早失败，并为未来而学习。

● "战略管理"范式在管理思想中占据主导地位，它会减少创业行为。大部分被调查者选择单纯的开发作为行业中出现颠覆性商业模式时的回应，这体现了战略管理思想。这也进一步证明，商学院的教育以及上一代（或者上两三代）商业管理者都十分注重战略管理，并将其作为环境中出现不利变化时的应对方式。

● 面临严重的威胁时，"威胁—僵化"反应会减少创业行为。我们对两种不同的威胁形式进行了测试，这两种形式分别为：业绩下降（即颠覆性创新会减少销售量，抑制经济增长）和

严重的威胁（即颠覆性创新会让你失业）。有趣的是，管理
者在面对业绩下降的局面时会主动采取行动，但面临严重威
胁时，他们往往会采取"威胁—僵化"的态度。

● 组织愿景和隐含的可预测性会推动创业行为。管理者需要有
信心，相信自己可以找到一条具体的途径来建立可预测性。
有关组织未来境况的可预测性和愿景十分具有影响力，它们
能够推动组织对采取颠覆性商业模式等深刻的组织性变革加
以考虑。

● 紧迫感对创业行为而言亦敌亦友。一定程度的紧迫感是有益
的，但过多的时间压力会导致"威胁—僵化"的反应。变革
管理大师约翰·科特（John Kotter）认为，紧迫感是变革的
主要动力，这一观点也和我们的研究结论相符。但是，我们
还发现，紧迫感只在一定程度内是有益的，一旦超过界限，
也就是说如果用于扭转局势的时间太短，管理者就会做出"威
胁—僵化"的反应，让自己和组织一起走向失败。

颠覆性创新会对原先颇为成功的公司产生威胁，而上述发现能
够帮助我们理解战略决策者在面临颠覆性创新带来的挑战时采取的
思维模式，因而具有很高的价值。如果将这些发现和动机理论的深
入研究相结合，我们就能得到创业思维的动机模型。

创业思维的动机

许多研究者的理论为创业思维提供了前提基础，为我们照亮了前行的道路。总的来说，这些发现有助于将各种关系整合到一起，从而能够让我们更好地了解如何创建一家目前并不存在的创业公司。在下文中，我们将看到这一领域中两种主要的研究方法，将这两种方法与我们的研究发现相结合，就能得到一个基于动机理论的新概念，也就是创业思维。

战略创业学派的创始人杜安·爱尔兰（Duane Ireland）、迈克尔·黑特（Michael Hitt）及大卫·瑟曼（David Sirmon）确定了战略创业的四个具体维度：（1）创业心智；（2）创业文化与创业领导力；（3）资源的战略管理；（4）应用创造力与开发创新的能力。[①] 这几个维度已经经过了十多年时间的检验，且被学者们广泛地运用于研究之中，这进一步推动了战略创业、企业创业以及机会的发现与创造。

另一个牵涉到的学术领域就是创业导向，在这一领域中，我们可以看到大量的研究，主要涉及对企业创业倾向的评估。正如前面所说，许多学者意识到战略管理消耗了公司董事会的大量精力，于是他们开始专门对如何推动创业行为进行研究。创业导向就是一项能够有效衡量企业创业能力的指标，它具有一定的价值。创业导向的评估涉及五个创业的关键前提：（1）自治性；（2）创新性；

---

① R.D. Ireland, M.A. Hitt, D.G. Sirmon. A Model of Strategic Entrepreneurship: The Construct and Its Dimensions. *Journal of Management*, 2003,29:963-989.

（3）风险承担性；（4）先动性；（5）竞争积极性。[1]

我们的研究以及上面两项发现代表了三种各不相同但互相关联的研究结果。如果将这三者综合起来，我们就能清楚地看到三者之间的联系与相似性。每一种研究结果都体现了机会发现或创造、创新以及风险承担能力的重要性。战略创业关注的是个体的思维模式与组织文化，而创业导向则更多地关注自治性、先动性和竞争积极性等方面的需求。我们的研究则体现了领导力与有效资源管理在战略创业中的作用。

表 6.2 将上述结论与伊塞克·阿耶兹（Icek Ajzen）计划行为理论中的三个重要概念进行结合[2]，体现了旨在促进企业创业行为的研究能够与阿耶兹的模型很好地契合，而阿耶兹的模型反映了行为意图与创业行为的前提。表 6.2 运用了归纳法，因此体现了一定程度的猜测性，但它体现了一种创新性的重新组合与探索方法，因此仍然非常有价值。下面，我就对各项变量进行简单的说明。

[1] G.G. Dess, G.T. Lumpkin. The Role of Entrepreneurial Orientation in Stimulating Effective Corporate Entrepreneurship. *Academy of Management Executive*, 2005,19:147–156.
[2] I. Ajzen. The Theory of Planned Behavior. *Organizational Behavior and Human Decision Processes*, 1991,50:179–211.

表 6.2 在动机理论的基础上制定的创业行为理论

计划行为理论（阿耶兹，1991）	企业家对颠覆性创新的回应（德瓦尔德和奥西耶夫斯基，2011—2015）	战略创业（爱尔兰、黑特和瑟曼，2003）	创业导向（德斯和兰普金，2005）	为创业思维提供条件的动机理论
行为信念：个人相信，有意的行为能够带来预期的结果	机会识别、积极的风险经历	创业心智、应用创造力、开发创新	创新性、先动性	相信机会能被发现或创造
规范信念：相信重要他人会支持这种有意的行为	战略管理的主导地位、对严重威胁的回应	创业文化与创业领导力	自治性、风险承担性	相信企业家驱动的组织文化能够推动探索
控制信念：相信有意的行为能够被执行并完成	愿景和可预测性、紧迫感	战略性地管理资源	竞争积极性	相信通过创业行为能够获得创业结果

　　似乎前面一下子介绍了太多内容，我有必要在下面做出更多的解释。我会回到阿耶兹的三个信念上，并阐述这三个信念如何分别应用于企业家对颠覆性创新的回应、战略创业和创业导向的框架之中。

　　阿耶兹的计划行为理论主要用来解释为什么有些人会主动开展富有挑战性的任务（如减重、执行锻炼计划或戒烟），而另一些人却不会。这只体现了其中的一个因素，即做决定时的情景。另一影响因素就是性格特征（也就是说，有些人可能就是不具备做出改变的能力）。阿耶兹的理论包括三个基本的信念，即行为信念、规范信念和控制信念。这三个信念会主导决策的意图和行为。

行为信念认为，特定的行为会导致预期的结果。举一个可能看起来过于简单的例子，如果人们认为戒烟、锻炼或减重能让他们更健康、寿命更长，他们很可能会产生动机，并通过实践来证明这些信念。反过来说，如果一个人认为抽烟对人体无害，也不会缩短人的寿命，那他就不太会愿意用暂时的戒烟的痛苦来换取可能的长期好处。在文献中，这一变量也被称为"态度"。

决策者的态度反映了他们对某种行为能否带来某些好处的看法。在为公司做决策的时候，战略决策者可能会否定组织中的个人能发现或创造机会的可能性。这种态度来自于特定的行为信念。显然，如果战略决策者认为将资源分配给高风险的创业活动不会给公司带来好处，那么他们就不可能这么做。

或许你也在你的领域中看到过消极的态度。例如，营销或研究领域的有些人可能完全不会去接触创造性思维。如果领导者认为机会不会被发现或创造，那么组织就可能会发展出一套官僚体系，回避普通员工甚至运营部门主管的创造性想法。这些组织试图让员工专注于眼前的工作，不要做"白日梦"，或者浪费宝贵的工作时间来探求新的机遇。这种"坚持本职工作"的思维模式与探寻机会的创业思维的态度、组织各层级的创新性恰恰相反。

创业心智——先动性、应用创造力和开发创新的能力——反映了机会能够被创造或发现的观点。此外，先前积极的风险经历也能推动创业行为，从而强化机会能够被公司成员创造或发现的观点。

规范信念体现他人对主观规范的影响。比如，虽然你不确定缺乏锻炼是否会危害健康，但如果你的配偶、孩子，或者上司、团队成员认为锻炼很重要，你开始锻炼的可能性就会大大提高。阿耶兹将规范信念描述为对"重要"人物（这意味着个人认为这些人很重要）所产生的影响。在组织之中，主观规范一般通过组织文化得以确立或强化。爱尔兰和他的同事在他们的理论框架之下稍稍对组织文化进行了讨论，并提道："在有效的创业文化中，组织会认可新想法和创造力，鼓励承担风险，包容失败，推动学习，捍卫产品创新、程序创新和管理创新，并将持续不断的变化视作机会的体现。"①

　　无论一个组织是个体私营的小公司还是政府资助的、复杂的大公司，爱尔兰和他的同事对创业型组织文化的描述与我和奥列克西·奥西耶夫斯基的研究结果中占据主导地位的创业文化形成了鲜明的对比。说实话，根据我以往的商业经验以及对公司办事机构的观察，组织中并没有体现爱尔兰研究团队所描述的学习、探索以及开发的文化。公司文化一般体现的是战略管理这一占据主导地位的范式——也就是说，严重的威胁会导致威胁—僵化的反应，公司会逃避而非承担风险、学习与创新。针对这一现实情况，德斯和兰普金在对创业导向（代表有效的创业型组织文化）的衡量标准中增加了自治性和风险承担性的要求。

　　阿耶兹提出的第三个信念是控制信念，也就是一般所说的感知行为控制。值得注意的是，阿耶兹认为行为控制是"感知的"。换

---

① R.D. Ireland, M.A. Hitt, D.G. Sirmon. A Model of Strategic Enrepreneurship: The Construct and Its Dimensions. *Journal of Management*, 2003,29:970.

句话说，与控制能力的客观衡量结果相比，采取某种行为的动机更多地受到自己所感知的可控程度的影响。以减重为例，感知行为控制反映了个体认为自己有采取减重措施的意志力与胆量。许多行为由于缺乏感知行为控制而有始无终。这也就是为什么健身俱乐部要推出终身会员制。这些俱乐部认为大部分新客户实际上在参加过几期健身课程后就会失去健身的动力。这种特定情形也与一种商业模式信念相匹配，该信念认为人们实际上不具备自己所感知的控制力。个体认为通过购买终身会员，自己就能将感知的行为控制变成现实。这种想法很有诗意，也是创业精神的一种结果。

领导力和过去的表现对于公司能够采取创业行为并确实会采取创业行为这一认知的建立至关重要。在表 6.2 中，我填入了我们关于紧迫感的研究结果。可以说，紧迫感和可预测性、愿景以及竞争积极性都是组织内部可以管控的认知。在相关研究中，奥列克西及其同事发现，与其他企业相比，对未来拥有鼓舞人心的愿景的创业型企业能够更快地获得成长方面的支持。愿景与可行的营销计划的关联度越高，成长的影响力就越明显。这证实了对行为控制的感知十分重要。[①]

上述因素组成了创业行为的动机理论：（1）坚定地相信组织或部门内部能够发现或创造机会；（2）坚定地相信组织文化能够支持创业行为；（3）坚持组织有能力执行创业行为的共识。上述理论为

———
① O. Osiyevskyy, L. Hayes, N. Krueger, C.M. Madill. Planning to Grow? Exploring the Effect of Business Planning on the Growth of Small and Medium Enterprises. *Entrepreneurial Practice Review*, 2013,2(4):36–56.

创业思维奠定了基础。

本章小结

本章的主要内容有：

1. 最近对决策的微观基础的研究有助于我们更好地理解企业创业的前提。

2. 动机理论中能够推动创业思维的三个主要因素是：

（a）关于特定行为会带来机会的发现与创造并为公司带来创业行为及持续的财富的信念；

（b）关于有效的组织文化能够支持并推动创业行为的信念；

（c）对于组织拥有执行创业行为的能力的共同信念。

3. 与更加普遍的批判性思维以及其他理性还原主义思维模式相比，创业思维拓展了公司对于成长机会以及财富创造机会的认识。

第七章

创建创业型组织

文化能把战略当早餐吃。

——彼得·德鲁克①

好的主意来自哪里？对我来说，创造与发现机会最难的一点就是，很多人相信只有少数人拥有创造力，剩下的都是我们这样的普通人。这简直是一派胡言。公平地讲，肯定有一些人比一般人更有创造力，但是，如果我们希望企业能够识别、利用创业机会，那么第一步就是要认识到机会并不仅仅属于一部分拥有创造力的人。事实上，机会来自于普通人，而管理层应该使用经过检验的系统和流程来支持机会的识别。

想象一下，你是一个市政交通规划师，和你坐在同一个房间里的是一大群市政管理者，其中有预算官员、媒体部主管、工程师等。政客们想要找一个人负责，因为选民们报告说交通信号灯的设置很糟糕（是的，这看起来很愚蠢，但是由于政治问题的减少，很多高

---

① 这句话一般被认为是彼得·德鲁克说的。不过对此也存在一些争议：福特公司董事长马克·菲尔斯（Mark Fields）说这句话出自德鲁克，但一些人认为这句话其实是菲尔斯先生自己说的。

级管理人员都丢掉了他们的工作）。议员如此复述选民打来的电话：
"回家路上的红灯太多了，我不想再等了。和它相交的这条路在绿
灯的时候根本没有车。你雇用的工程师和规划师为什么都是傻子？
他们就不能好好设置交通信号灯吗？我有要事要处理的时候真的很
不方便。我需要有人对此负责！我需要你们彻底解决交通信号灯的
问题！"

在会议室里，大家都感到很沮丧。政客担心如果这个选民找报
社投诉，他可能会失去一些选票。规划师认为应该鼓励大家乘坐公
共交通工具，从而保护环境，并让社会充满活力。如此一来，城市
的运行就能变得更加高效，这样对大家都有好处。工程师认为，如
果进行更多的研究，他就能更准确地估计交通负荷，并安装计时器，
让交通信号灯的排序每小时变换一次，或者在上面这个选民的例子
中，让交通信号灯的排序每十分钟变换一次。解决这个问题很简单，
只需要拥有足够的资源做研究和分析就行了，所以解决这个问题需
要提交一份预算。预算官员则指出，他可以为此安排一笔资金，但
这样就会导致亏损，意味着可能需要增加税收。这时，政客就会说：
"没门，我才不要因为增加税收丢掉工作！"

在一片充满沮丧的沉默之中，助理发话了："让车主来控制交
通信号灯不是很好吗？"哈哈，所有人都开心地笑了。

但是，过了一会儿工程师说："我从来没有像这样考虑过这个
问题。我们可以想办法安装先进的指示器，这样汽车开到十字路口
时就能被感应到。"就这样，一颗机会的种子神奇地萌芽了。经过

讨论之后，路边就安装了电子指示器，而现在，这种装置已经非常普遍，它能告诉交通信号灯，现在是变绿灯的时候了。

虽然这只是一个虚构的故事，但我希望通过这个故事让你明白，即便是一群自认为缺乏"创造力"的人在一起讨论，也可以拥有无限的可能。故事里的人因为一个问题而愁眉不展，但一个转机的出现让他们可以用一种新的角度来看待问题，由此带来一个潜在的新机遇。

遗憾的是，并非所有的组织都会开展跨部门会议或讨论。如果想成为一个真正的创业型组织，那么需要怎么做呢？通过上一章的分析，我们得到了关于创业思维的动机理论框架，其中包括：（1）机会识别；（2）能够提供支持的创业型组织文化；（3）执行创业行为的能力。这三个要素之所以按照上面的顺序进行排列，是因为这样能和创业行为的实施流程相匹配。在这一流程中，先是机会/创意的识别，这一能力需要在支持创业的组织文化中得以培养，并通过创业的过程得以实施。但从长远来看，公司需要先树立并营造创业文化，因此本章先讨论支持创业的组织文化的各个要素，然后讨论机会的来源，最后规划一个流程，从而实现机会的利用并让它在市场中发挥作用。

创业文化

对于创业文化最激励人心的描述就要数布雷特·威尔逊（Brett Wilson）创建第一能源资本公司（First Energy Capital Corp）的故事了。

在《重新定义成功：持续犯错》（*Redefining Success: Still Making Mistakes*）[①]中，威尔逊描述了4位充满激情，虽没有丰富的经验但十分睿智的青年创业家，他们进入了一个风险高、竞争激烈的行业，那就是公司财务管理。在这样的环境中，他们的公司能够存活下来靠的是什么呢？威尔逊提到要建立一种高度由价值驱动的文化，其中，真诚是至高无上的，关系也十分重要，团队必须尊重并能利用每个成员的独特优势。他们的组织文化和对组织价值的投入将他们与其他公司区别开来，使他们最后获得了巨大的成功。

无论是针对新创企业还是针对公司的风险投资项目，几乎所有的创业理论都会涉及培养与建设组织文化。虽然每一种组织文化都是不一样的，而且大部分组织文化是独一无二的，但是管理者可以在一些模型的指导下，对组织文化进行调整或改造，从而推动创业精神。前面已经提到，公司的风险投资项目具有较高的风险，同时也受到原公司行政管理与制度方面的影响，这可能会抑制创业人才的出现。因此，在评估公司文化的时候，我会运用以下框架，框架一共包含四个要点：（1）对公司内部创业成功的明确描述；（2）对失败的接纳；（3）对学习的促进与奖励；（4）在可接受范围内对风险承担的支持（也就是说，至少不要在每个新想法上都孤注一掷）。是什么是一回事，但是怎么做又是另一回事。

要想培养创业文化，首先就要对创业成功进行明确的描述。马

[①]　W. Brett Wilson. *Redefining Success: Still Marking Mistakes*. Toronto: Penguin Group, 2012.

丁及其同事提出的 7 个主题的框架能够帮助组织建立起可靠、始终如一的组织文化。这个框架关注的是与平等、安全和可控这三个文化维度相关的描述。表 7.1 对这 7 个主题进行了总结。

表 7.1 与组织相关的主题中几个常见问题所反映的根本问题

问题	详细描述（稍微进行了改编，以适合 21 世纪的职场）	创业文化
平等与不平等	发现上级违规时应该怎么做？	和他们谈谈——文化必须透明、开放。
	大老板也是普通人吗？	是的，我们甚至应该认为他们和我们是平等的。
	小人物是否也能走向人生巅峰？	当然，只要具备足够的技术与能力就可以。
安全与不安全	我会被解雇吗？	创业型公司要在员工身上倾注心血，因此只能把裁员作为最后手段。
	当我需要帮助时，组织会来帮我吗？	当然，创业型组织对内部成员十分关心。
	老板会对错误（或失败）做出何种反应？	创业型组织会鼓励失败，也会提供学习的机会。
可控与不可控	组织会如何应对来自组织外部的障碍？	创业型公司不仅能给内部成员自治权，还会积极地给予他们支持。

上述框架虽然是描述性的，但它非常实用，因为其中包含了多种组织文化，每一种都相当独特。第一组的三个问题是关于组织文化能在多大程度上体现平等主义。制约普通员工的规定也能制约大老板吗？对创业型组织而言，其企业文化需要体现高度的平等主义。问老板问题以及本着学习的精神（而非以指责的态度）指出违规行

为时，员工不应感到不自在。就算无法真正做到平等看待老板与其他组织成员，也应将老板视为普通人，而且任何拥有足够的技术与能力的成员都应拥有成为老板的可能性。

第二组问题和安全等级以及员工能够从公司得到的支持有关。忠诚是否是双向的、公正的？最后一个问题对创业精神以及创业动力而言最为关键：组织内部的管控有多严？或者反过来说，员工有多少采取新举措的自由？关于培养创业文化所需条件的研究一贯强调员工对于自治权的需要，这要求组织内的员工与领导者拥有先动性。

创业型组织必须能够承担风险，并采取大胆的措施，这能在反映平等、安全与失控的故事中很好地表现出来。机器人和铅笔（R&P）公司是一家新公司，主要业务是制作手机应用软件，这项业务在 21 世纪并不特别。不过，这家公司的企业文化非常独特。5 年内，公司吸引了来自 169 个国家的 7700 万个用户，而且，《华尔街日报》《纽约时报》《连线》和 ZDNet 还为此发表了专题文章。

R&P 公司首席执行官迈克尔·西科尔斯基（Michael Sikorsky）创立的组织文化对每位员工的独特之处都十分尊重。公司的每个人都有拿得出手的才能。公司的信条是："我们的工作在一开始就将科学与人文相融合，将机器人与铅笔相融合，将程序员与设计师相融合。"[1]

西科尔斯基非常开放、随性，这表明与其他具有特殊身份的人相比，西科尔斯基与团队成员的关系更加平等。如果他违反了规定，

---

[1]　这信条出现于 2014 年 10 月 20 日卡尔加里大学哈斯卡耶商学院的一次展示中。

员工应该怎么做呢？员工当然可以和他谈谈问题，但如果他说明了自己违反规定的正当理由，你也不必太过惊讶。这并不是说违反规定没有问题（极少数情况除外），而是反映了"为什么会有这条规定"的问题。关键并不在于对规定的遵守，而在于团队成员的互相尊重，以及对开发新应用的专注。西科尔斯基也清楚地表明，如果团队成员希望晋升到最高层（和西科尔斯基差不多地位的岗位），那么他就拥有这种可能性。这种平等还体现在其他方面，例如经济利益的分享上。

和大多数 21 世纪的组织一样，对个人的支持也是企业必不可少的。西科尔斯基创立的组织文化最有魅力的地方可能就在于他对待失败的态度。正如他所说："失败得越早，失败结束得也就越快。"如果他们公司有项目失败了，那会发生什么呢？首先，公司内部有一些应对措施，旨在尽早面对失败并避免灾难性的后果。而且，公司也不会对特定的项目划拨预算，因为那样的话，一旦项目失败，就需要某个人承担责任，而无论项目是成功还是失败，这都应该是一个团队的事。正如公司在网站上写的那样："我们的程序员和艺术家都热爱制作应用，分别创造了代码和艺术。我们鼓励开发人员通过非传统的新方式应对编程难题，也鼓励艺术家们用同样的方式进行设计。"

当程序员或艺术家不确定新应用能否获得成功时，R&P 公司就会采取一种极富创意的方法来进行测试——用别的名义来推广新应用——然后看看市场有何反应。如果成功的话，公司会将这款应用归到自己的名下，但在此之前都会把它投放到市场上接受用户的任意评价。这种方式再次保护了所有参与项目的成员免受失败带来的负面影响。

红帽（Red Hat）公司的首席执行官吉姆·怀特赫斯特（Jim Whitehurst）最近出了一本书，名为"开放式组织：点燃激情，追求卓越"（*The Open Organization: Igniting Passion and Performance*）。[1] 怀特赫斯特在这本书中将红帽视为一个典型的开放式组织，因为公司致力于解决"为什么"的问题（这通过动力与灵感点燃了激情），然后解决"怎么样"的问题（精英管理制度与把事做完的理念），接下来解决"是什么"的问题（这促进了包容性决策）。上述三个问题的顺序与怀特赫斯特在传统公司中的观察结果恰恰相反。在传统公司中，高层领导先解决"是什么"的问题，这影响了对于"怎么样"的问题的解决，而"为什么"则一般体现在个人的升职与收入上。怀特赫斯特将"为什么"作为首要解决的问题，这反映了西蒙·斯涅克（Simon Sinek）在《从"为什么"开始：伟大的领袖如何激励行动》（*Start with Why: How Great Leaders Inspire Everyone to Take Action*）中提到的伟大发现。[2] 简单来说，组织成员需要了解"为什么"的问题，也就是他们的工作目的，如此才能受到启发，并参与公司的创新、成长与创业转型。

---

[1] Jim Whitehurst. *The Open Organization: Igniting Passion and Performance*. Cambridge, MA: Harvard Business Review Press, 2015.

[2] Simon Sinek. *Start with Why: How Great leaders Inspire Everyone to Take Action*. New York: Penguin Group, 2009.

组织文化也可以按照特定的观念、价值以及规范加以调整。从某种意义上说，这相当于对期望的描述进行逆向分析及研究，因为它支持了某种特定的行为，最终会形成关于组织行为的明确表述。以下是三种与个人变革相关的方法，支持了一些行为与观点，有助于形成创业文化。

（1）时间观。1971 年，斯坦福大学心理学教授菲利普·津巴多（Philip Zimbardo）开展了颇具争论的斯坦福监狱实验，对为何好人会实施暴行的问题进行了彻底的研究。在实验的过程中，他发现，行为背后存在一些看似是良性但具有高度启发性的前因，他将之称为"时间观"[1]。他认为，人们会采取以下三大种时间观中的一种：过去时间观、现在时间观和未来时间观。每一种都可以是积极的或者消极的，因此一共有 6 种具体的时间观。

对于采取积极的过去时间观的人来说，过去就像是一只装了半杯水的杯子，这一类型的人会认为杯子是半满的。例如，如果他们看到孩子，听到孩子的声音，或者闻到烤饼干的气味，他们便会回想起以往那些美好的回忆，甚至感受到莫大的喜悦。采取这一时间观的人性格各不相同，可能是温柔的，也可能是多愁善感的、友善的、快乐的、自信的，但很少会是焦虑的、抑郁的，或者好斗的。[2] 拥有积极的过去时间观的人会在现状中感到舒适。

---

[1] Philip Zimbardo, John Boyd. *The Time Paradox: The New Psychology of Time That Will Change Your Life*. New York: Free Press, 2008.

[2] 津巴多和博伊德在《时间悖论：时间的新心理学将改变你的人生》第 61~65 页对 6 种时间观的特征进行了综合分析。我选取了一些我认为能够有效传达每种时间观的关键特征，但是我强烈鼓励读者仔细地对津巴多的著作进行选择性阅读。正如这本书的副标题所示，它很可能会改变你的人生。

当他们面临困境时，公司就需要给予他们帮助。创业型组织往往会对现状提出挑战，但由于积极的过去时间观的对立面是消极的过去时间观（这和好与坏的对立不同），且采取消极的过去时间观的人往往想往积极的方向发展，因此采取积极的过去时间观的人对于发展创业文化至关重要。

相比之下，采取消极的过去时间观的人一般喜欢独处，他们几乎都是孤零零的。这一类型的人对过去的行为感到后悔，并渴望有机会能改变过去（这当然是不可能的）。他们可能是不开心的、抑郁的、焦虑的、害羞的，有时也是沮丧的，很容易就会生气。拥有消极的过去时间观的人会阻碍创业文化的发展。

采取积极的现在时间观——或者津巴多又将其称为"享乐主义现在时间观"——的人，主要遵循的是快乐原则（如"我现在就想要，全部都要"），并信奉"如果感觉快乐，就去做"的信条。拥有享乐主义现在时间观的人敢于冒险，喜欢寻找乐趣，也敢于承担很高的风险。在成功的创业文化中，积极的享乐主义肯定是有帮助的，因为这能促进风险承担。但也要警惕孤注一掷的做法。

消极的现在时间观或者说"宿命主义现在时间观"代表了个体效力的缺失，这会导致个体的焦虑、不开心、冷漠，甚至抑郁。拥有宿命主义现在时间观的个体可能倾向于承担很大的风险，这并非因为他们希望以此取得巨大的成功；相反，他们认为这么做并不会对人生产生什么影响，或者说他们认为这么做并不会让生活变得更美好。对于这些人来说，承担风险只是证明一切都不重要这一观点

145

的另一种方式。

　　未来时间观并没有明显的积极与消极之分，它体现的更多是现实主义与超验主义这两种倾向之间的区别。现实主义原则体现了规划，也就是说，这种原则追求的是即时获得满足与在未来可能获得更多好处之间的权衡。采取未来时间观的个体极其认真负责、始终如一，而且他们十分关心未来的结果。他们会把自己看作一份任务清单，并按时或提前完成自己的工作。他们也相信努力工作会得到回报。

　　拥有超验主义未来时间观的人则相信生存在地球上只是为了通往来世。这一类型的人能够很好地克制冲动，他们不争不抢，而且比较关心当下的选择与行为对未来的影响。

　　未来时间观让我想到了斯坦福大学的另一个实验，叫作棉花糖实验。沃尔特·米歇尔（Walter Mischel）和埃贝·艾布森（Ebbe Ebbesen）让4至6岁的儿童选择现在就把棉花糖吃掉，或者等15分钟（这15分钟里，孩子会独自和棉花糖待在一起），如果他们没吃掉棉花糖，就额外奖励他们两块奥利奥饼干。研究结果非常出人意料，请做好心理准备。在这些孩子18岁的时候，研究人员再次与他们取得了联系。结果发现，在SAT的英语与数学科目中，那些为未来做好打算并选择推迟享受的孩子得分要比选择马上享受的孩子高210分。米歇尔总结说，与智商相比，4岁时是否会推迟享受和

SAT 分数的联系更密切！[1] 后续研究还发现，那些推迟享受的孩子发展出了津巴多所说的"一系列优秀的情绪管理能力和社会能力"，并能"更好地应对逆境和压力，而且他们更自信、勤勉与独立"。[2]

津巴多和博伊德(Boyd)提出了西方人认为的最佳的时间观组合：

● 高度符合积极的过去时间观

● 中等偏上地符合未来时间观

● 中等偏上地符合享乐主义现在时间观

● 低度符合消极的过去时间观

● 低度符合宿命主义现在时间观[3]

在创业文化方面，组织可以建立自身的价值，并明确表明赞同津巴多和博伊德建议的时间观组合，从而真正地选择最佳的时间观组合。作为一个为未来考虑的组织，其创业文化可能需要非常强调未来时间观。

（2）积极性。在时间观的研究中，积极与消极的区别十分关键。来自北卡罗来纳大学教堂山分校的心理学家芭芭拉·弗雷德里克森

---

[1] 有关 18 岁青少年的研究结果可见：Y. Shoda, W. Mischel, P.K. Peake. Predicting Adolescent Cognitive and Self-Regulatory Competencies from Preschool Delay of Gratification. *Developmental Psychology*, 1990,26(2):978-989；以及 W. 米歇尔 2007 年的会议论文《长期延迟满足的能力：机制和发展的影响》(Delay of Gratification Ability over Time: Mechanisms and Developmental Implications)，论文展示于心理科学协会会议上，会议召开于华盛顿特区。

[2] Philip Zimbardo, John Boyd. *The Time Paradox*: *The New Psychology of Time That Will Change Your Life*. New York: Free Press, 2008:216.

[3] Philip Zimbardo, John Boyd. *The Time Paradox*: *The New Psychology of Time That Will Change Your Life*. New York: Free Press, 2008:297.

（Barbara Fredrickson）表明，积极性并不是宿命决定的或预先决定的，而是一种有意识的选择。[①] 她的研究能够极大地帮助我们了解，个体能够选择积极或消极的时间观（这一点津巴多和博伊德也曾提到过）。心理学家一般认为，积极性与时间观都可以通过努力和深思熟虑得以调整。

（3）成长型思维模式。在《心态》（*Mindset*）[②] 一书中，来自斯坦福大学的卡罗尔·德韦克区分了固定型思维模式和成长型思维模式，并讨论了个体应如何追求成长型思维模式。

将上述理念相结合，我们可以看到创业型组织文化的一些核心要素。组织需要：（1）了解组织中的关键人物拥有何种时间观、积极性如何以及是否采用成长型思维模式；（2）寻找方法，帮助组织领导者和组织成员完善其积极的成长导向。诚然，组织的多样性相当重要，但正如吉姆·柯林斯在《从优秀到卓越》中所说，选用合适的人是最为关键的。根据我们现在的讨论内容，选用合适的人指的就是选用拥有积极的过去时间观、享乐主义现在时间观或未来时间观的人，并谨慎地开发其积极性和成长型思维模式，从而创造富有企业激情的组织文化。

---

① 弗雷德里克森的研究总结于 *Positivity: Top-Notch Research Reveals the 3-to-1 Ratio That Will Change Your Life*. New York: Three Rivers Press, 2009.
② C. Dweck. *Mindset: The New Psychology of Success*. New York: Ballantine Books,2006.

从机会开始

在学术界，关于机会是被发现的还是被创造的这一问题的讨论越来越多。这一问题也可以这样表述——机会是待在一边等待被发现的，还是由企业家们凭空创造的？

我们不妨通过对苹果公司这一企业创业典范的思考来探索这个问题。苹果公司的机会到底是他们发现的，还是凭空创造出来的？

史蒂夫·乔布斯（Steve Jobs）曾邀沃尔特·艾萨克森（Walter Isaacson）为他撰写人物传记。于是就有了《史蒂夫·乔布斯传》[①]。这本书展示了苹果公司前首席执行官乔布斯的传奇一生及苹果公司的发展历程，里面的描述十分生动。基于艾萨克森的研究成果，下面我们来看看苹果公司和乔布斯开发的主要产品。

- 个人台式电脑（Apple I）：可以说，是苹果创造了个人电脑市场，而此时还没有其他人想到要把电子打字机与游戏机以及计算器结合起来。
- 麦金托什电脑（Macintosh）：这一型号电脑的出现在很大程度上意味着苹果公司发现了个人台式电脑提供的东西与客户认为电脑可以提供的东西之间存在差距。
- iMac：这一型号的电脑带有集成显示器和键盘（但没有软盘插口），它在便利性和设计风格上向前迈进了一步，这体现

[①]　Walter Isaacson. *Steve Jobs*. New York: Simon & Schuster, 2011.

了苹果公司再次发现了现有客户在麦金托什电脑的功能之外的需求。

● iTunes：这显然是一项发现，因为 iTunes 抵制了非法盗版音乐。

● iPod：虽然 iPod 在一定程度上体现了一些发现的因素，但我认为这款产品应该属于机会的创造，因为 iPod 这款独特产品的出现标志着听歌方式进入了一个新时代——一个小盒子一样的设备能够储存 1000 首歌曲，耳机是白色的，它也可以作为电脑的外置数据储存设备，此外还有许多创新之处。它体现了工业设计的巨大进步。

● iPhone：它融合了智能手机、iPod 和相机等产品的功能。iPhone 这类产品的出现在某种程度上是可以预料到的。这体现了机会是被发现的。

● iPad：这又体现了机会是被创造的，因为当时还不存在平板电脑市场（或者说在当时的市场中，尝试开发平板电脑的公司都还在苦苦挣扎）。iPad 的出现确实非常有意思，因为许多人认为这只是一款低配版电脑，它不支持外接设备、打字机以及像文字处理软件这样的普通软件，因而他们预测这款产品会失败。

好吧，我猜上面的论述并没有将问题解释得太明白。你可能会问："机会到底是被发现的还是被创造的，真的这么重要吗？"

从学习和发展的角度来说，这个问题真的很重要。如果机会主要是被发现的，那么希望成功进行企业创业的公司就应该关注培训和资源，并努力寻找市场中未被发现或未经充分开发的机会。相反，如果机会是创造出来的，那么公司应该重视研究与发展，并开发那些能够创造需求的产品与服务。苹果公司的经历表明了公司既需要发现机会，也需要创造机会。但是，我们也要仔细考虑参照对象本身——就算有公司具备成为下一个苹果公司的潜力，这种公司的数量也是极少的。那么，企业应如何专注于培养发现机会或创造机会的能力，并最终同时具备这两种能力呢？

可以肯定的是，每天都会有新的创业型风险投资项目出现，而证据表明，机会既可以是被发现的，也可以是被创造的，而且有时两种情况都有。希望具备更多创业精神的公司需要明白对这两种情况进行区别是十分重要的，并且公司必须在员工发现机会与创造机会的必经过程中坚定地提供支持。

机会的发现

对于机会的发现而言，市场情报是最重要的。不过，这里的市场并不仅仅指客户市场，它指的是各种意义上的市场，包括供给市场、销售市场、补充市场，甚至不相关的其他市场。

2005 年，法国英士国际商学院（INSEAD Business School）的 W. 钱·金与勒妮·莫博涅合著了《蓝海战略：如何超越产业竞争，开创全新市场》（*Blue Ocean Strategy: How to Create Uncontested*

Market Space and Make the Competition Irrelevant）一书。[1] 书中提到了一个关键要素，那就是机会的发现。在这本书中，作者为我们提供了重建市场边界的 6 条路径框架：（1）跨越他择产业；（2）跨越战略集团；（3）跨越买方链；（4）跨越互补性产品和服务项目；（5）跨越针对卖方的功能和情感导向；（6）跨越时间。

通过探索与接纳他择产业中的实践，公司能够发现新途径来接近买方的需求。例如，通过对公共汽车及私家车这些他择品的研究，西南航空推出了打折航线和点对点的运作模式，这使其从市值来看成了目前世界最大的航空公司。

战略集团对特定产业中的产品与服务项目进行了区分。例如，管理咨询公司可以独资经营（这样，公司就成了独资经营战略集团的一员），也可以跨国经营，如麦肯锡和波士顿咨询公司。在这两种情况中，公司都提供咨询服务，无论服务质量如何，这两类公司的资源能力、服务范围和多地域服务等情况都是截然不同的。以啤酒产业为例，其中的战略集团，小的有小啤酒厂，大的有百威英博与南非米勒等世界级巨头公司。虽然顾客会从不同战略集团中的公司购买啤酒，但从啤酒的酿造、装瓶、分发、销售与广告宣传等环节来看，这些战略集团的业务是完全不同的。

其他几条途径就不在此一一赘述了。如果一家公司想打破常规、寻求像前面提到的"在路边安装指示器"这样的突破性机遇，那么

---

[1] W. Chan Kim, Renée Mauborgne. *Blue Ocean Strategy: How to Create Uncontested Market Space and Mark the Competition Irrelevant*. Chambridge, MA: Harvard Business Review, 2005.

金和莫博涅的 6 条途径框架能够提供一些很好的思路。这一关于发现机会的系统性框架能够应用于任何产业中的任何公司。

当我向人们展示上面这些理念的时候，人们总是惊讶于机会的发现可以是充分规划好的、具有明确目的性的企业行为。机会的发现只需要：将当下的工作进行优先级排序，并从中抽出时间；组建一个跨部门的团队，给予团队成员自由，并鼓励他们用不同的方式来探索事物；为团队成员提供工具与程序，从而让他们开启发现之旅。

金和莫博涅推荐的另一种发现机会的工具就是战略布局图。战略布局图同样具有很强的目的性。它能根据顾客对于相互竞争的特定商品的认知，描绘出能够推动买家行为的那些特征。一旦战略布局图构建完成，管理层就需要识别那些需要淘汰、减少、增加或创造的因素。我们商学院也运用这一手段来改进我们的工商管理学硕士项目，这在开发新机会中发挥了重要的作用，且已经帮助我们提高了入学率和学生满意度。

有时，机会也是在偶然间被发现的。例如，克莱顿·克里斯坦森在他的展示中经常会提到一个故事，这个故事反映的是企业家需要认识到自己应该发挥的作用，从而更好地了解并开发市场机遇。[1]克里斯坦森曾任一家快速服务餐厅（Quick Service Restaurant，QSR）的顾问，这家餐厅不明白为什么奶昔的销量会在清晨突然增加。他们想要确保自己能够充分理解市场。他们猜测，难道是因为某种奶昔的口味非常吸引人吗？于是，餐厅按照他们的标准流程进行分析，

---

[1]　http://www.claytonchristensen.com/keyconcepts.

首先就是对顾客的各项数据进行统计，其中包括年龄、收入水平、婚姻状况、子女人数等等。

克里斯坦森分析问题的思路有点独特，他首先思考的并非"是谁"或"是什么"的问题，而是"为什么"的问题。为什么人们会在凌晨6点买奶昔？奶昔能发挥什么作用？它为什么能发挥这些作用？

克里斯坦森发现，咖啡无法让通勤者在清晨保持清醒。这是因为咖啡一开始太烫，之后又冷得很快，然后就变味了。相比之下，奶昔浓厚、黏稠，使用吸管的时候人们需要集中注意力，并保持一定的吸力，这能让司机保持清醒。而且，奶昔从外面摸起来也是冷的，同样能让人们保持清醒。另外，喝完奶昔需要20至30分钟，和大部分人的通勤时间相同。在这个情境里，餐厅应该发挥的作用就是为司机提供营养，并使其在清晨保持清醒。就这样，一个机会在偶然间被发现了。

学术界的研究人员提出了许多创意与发明的途径，其中包括组建实践社团、创造社团和组织学习，这些途径能够推动创新和战略行为。动机理论使我们意识到积极的态度对于预期行为的重要性，而且，针对内部产生的机会以及从外部观察到的机会的深度研究表明，发现机会是追求创业思维的第一阶段，也是基本阶段。

在这一节的最后，我要介绍一个关于"机会发现"的众所周知的方法：头脑风暴。头脑风暴绝对是有效的，但前提是必须严格遵守它的核心规则。核心规则如下所示：

● 担任协调者角色的人必须是独立的（但更好的办法是请一个独立的协调者来）。

● 不要批评！

● 使用挂纸板（没错，要用挂纸板，因为纸张和书写是非常重要的），并准确记录头脑风暴的结果（不要将你认为无关的要点排除在外，并且要向其他成员确认你是否充分理解了他们提出的要点）。

● 鼓励互相借鉴，并保持积极的、开放的氛围。

● 不要急着评价，这个步骤可以在后面进行。

机会的创造

从零开始创造机会与公司的资源基础的关系更为紧密，或者更具体地说，与公司的研发、新产品与新服务的开发以及工程设计的关系更为紧密。机会是通过开发新产品或新服务创造出来的，这些产品与服务需要满足客户的潜在需求，而非当下的需求。R&P 公司首席执行官迈克尔·西科尔斯基对机会的创造十分支持。他认为，规划在机会的创造中十分重要，因此必须认真对待，并努力追求。温斯顿·丘吉尔爵士的话在这里颇具启发性："计划并不重要，但规划却必不可少。"

在创造机会的时候，制定规划、展望未来十分重要。当然，创造机会的风险系数会高很多，因为一般来说，企业家并非将全新的产品或服务展现给现有的客户，而是要将这些产品或服务展现给潜在的客户。不过，一旦成功创造了机会，回报也会高许多。机会的创造更准确地反映了创业天才的浪漫愿景，他们能在一个小小的车库中创造出每个人都"必须"拥有的伟大发明。

机会的创造与能够带来创新的传统发明理论之间存在更加直接的联系。发明指的是新事物的创造，而创新指的是发明的商业化结果。例如，黏胶是一项发明，这一发明带来了 3M 便利贴这一创新成果。再如，内燃机是一项发明，它带来了汽车、摩托车、割草机和飞机等创新成果。机会的创造反映了一个传统的现象，那就是专利和系统性发明会带来一些创新的路径。我们经常能从有关创新的书中看到这一点。有些人也将机会的创造称为"推动"机会的方式，因为发明能推动创意，使其成为一项具有市场价值的创新成果。

因果逻辑、效果逻辑与随手取材

创业学的学者对企业家追求积极性和创意的三种方法进行了区分。因果推理与前面提到的批判性思维的范式十分类似。在因果推理之下，企业家似乎能对投入所产生的结果进行清晰的预测，由此便设定了一个明确的目标，该目标可以通过预测的手段得以实现。这一途径植根于可预测性与确定性，因此非常理想化。企业家一般会提出实现既定目标的替代性方法，然后，就像批判性思维一样，选出一条最佳的发展路径。从本质上讲，因果逻辑需要设定一个明确的目标，并从各种方案中选出一条路径以实现该目标。不过，最近的实证研究普遍不太重视因果逻辑，所以我们应当更加关注余下的两种方法。

效果逻辑和随手取材这两种思维与决策方式完全改变了理性战略管理的范式。来自达顿商学院（Darden School of Business）的萨拉·萨拉瓦蒂（Sara Sarasvathy）[1]在他的开创性研究中准确地指出，在创业中，从一系列可行手段推导出一系列目标的效果逻辑经常会取代从目标推及手段这一传统因果逻辑的方法。萨拉瓦蒂表明，因果逻辑强调的是对不确定的未来进行有效的预测，而效果逻辑强调的则是对不可预测的未来中的可控因素加以利用。因此，效果逻辑对于创造新市场（战略创业）而言是最有效的，而因果逻辑则可能更适用于通过竞争战略对现有市场进行开发。

将学术用语放在一边，关于效果逻辑，你可能对"精益创业"中的"精益"一词更加了解。在《精益创业：新创企业的成长思维》（*The Lean Startup: How Constant Innovation Creates Radically Successful Businesses*）一书中，埃里克·莱斯（Eric Reis）所展现的更具描述性的模式实际上是对彼得斯与沃特曼提出的"准备—开火—瞄准"（Ready-Fire-Aim）框架的延伸。莱斯更倾向于"愿景—驾驭—加速"（Vision-Steer-Accelerate）这一框架。在莱斯的书出版后不久，雷米·阿特亚加和乔安妮·海兰合著的《转型：顶级企业家如何调整、改变

---

[1]　S.D. Sarasvathy. Causation and Effectuation: Toward a Theoretical Shift from Economic Inevitability to Entrepreneurial Contingency. *Academy of Management Review*, 2001,26(2):243−263.

路线以寻求最终的成功》也随之出版。在这本书中，阿特亚加和海兰提出了一种方法，这种方法包含三个阶段，即"种植—转型—推进"（Plant-Pivot-Propel）。他们承认，这一框架受到了伦斯勒理工学院"发现—酝酿—加速"（Discovery-Incubation-Acceleration）框架的影响。

我建议创业的个人或公司了解一下上面这些框架，从而更好地对创业计划的设想或执行加以了解或规划，并根据市场需求（或者寻找新市场）制订替代性方案或对方案进行调整，然后再快速采取行动。

在管理学文献中，随手取材是一个相对较新的概念。它借鉴了法国人类学家克洛德·列维－斯特劳斯（Claude Lévi-Strauss）《野性的思维》（*The Savage Mind*）[1]一书。在管理学研究中，对"随手取材"最好的解释就是："用某人现有的东西来勉强满足客户的需求。"从某种角度来说，随手取材与详细分析正好是两个极端。

有关随手取材的一个经典例子就是著名电视剧《百战天龙》中擅长化险为夷的马盖先（MacGyver）。他可以东取一点，西拿一点，然后用胶带一粘，就造出了晶体管收音机、炸弹或者其他能够化解危机的东西。再如，在电影《阿波罗13号》中，美国国家航空航天局主管将一堆宇宙飞船的零部件放到桌子上，并对工程师们说："造一个空气过滤器。"[2]工程师们一开始一脸茫然，十分困惑。但是，通过随手取材的方法，他们造出了一个过滤空气的装置，并解释了

---

[1]　Claude Lévi-Strauss. *The Savage Mind*. Chicago: University of Chicago Press, 1962.

[2]　有关1995年上映的电影《阿波罗13号》的短片可见 https://www.youtube.com/watch?v=C2YZnTL596Q。这个短片标题为"方枘圆凿"（*Square Peg in a Round Hole*），用在此处非常合适。

组装的方案，从而解救了太空中的三位宇航员。随手取材体现了运用未知手段获得预定结果的方式。

随手取材是一种极具启发性的方式，它能够推动创新。在通读沃尔特·艾萨克森的《史蒂夫·乔布斯传》后，我感觉这位苹果公司的联合创始人其实是一个非常擅长随手取材的人。他知道自己想要什么，但不知道该如何达到想要的结果。苹果的研究实验室内一定每天都会上演《阿波罗 13 号》中的那一幕——要么取得成功，要么有些人就得离开（也就是说，某一个团队成员或者所有的团队成员会被要求离开团队）。乔布斯就像那个鼓舞人心的团队领导，他十分清楚自己想要达到的最终目标是什么，但他需要某个人或者某个团队、某群擅长随手取材的人来完成中间这些过程。这体现了随手取材的最高境界。

XPRIZE 基金会创始人兼执行主席彼得·戴曼迪斯（Peter Diamandis）的故事也是当下一个体现随手取材的很好的例子。XPRIZE 基金会设置了大额的奖项，意在通过公开的竞赛实现一些大胆的目标。其中最知名的就是太空旅行：XPRIZE 基金会设置了 1000 万美元的奖金，要求团队造出能搭载 3 个人的独立飞行器，并要求飞行器能安全地载人飞离地球表面 100 千米，且在两周内往返地球 2 次。这是一个鼓舞人心且能够实现的愿景，其中包含了有限的资源、有限的时间，以及未知的手段。

相比之下，效果逻辑在很多情况下被用来描述战略关系、可承担损失和可能性开发中涉及的人际关系与过程。效果逻辑通常与资源丰富的环境（并不是指金钱意义上的资源，而是指拥有才华横溢的科学家、有效的发现过程等）有关，而随手取材则通常与强大的领导能力以及公司未来的愿景息息相关。

从某种角度来说，随手取材反映了组织资源对机会进行开发以及运用现有资源对问题加以解决等方面的效果逻辑。应当注意的是，效果逻辑与随手取材和传统理性思维模式之间存在补充关系（效果逻辑和随手取材分别对因果逻辑和最优方式进行了补充），而非替代关系。包括萨拉瓦蒂在内的研究者们已经证明，各种思维模式都可运用于某些情况之中，我们不能认为只存在一种正确的方式。

有关因果逻辑、效果逻辑和随手取材的研究帮助我们了解了创新团队可以拥有的自由程度。在因果逻辑之中，手段与结果（这意味着这些结果的市场接受度较高）似乎都是可控的。在效果逻辑中，一般认为手段是可控的，但从市场吸引力的角度来看，其结果是未知的，且必须接受检测、实验、调整、重启和转型等过程的考验。在随手取材中，企业家知道可以颠覆整个市场的绝佳的产品、服务或应用是怎样的，但他们不清楚应该如何打造出这些产品。因此，合适的技术必须要遇上合适的环境、合适的团队、合适的资源等。一般来说，拥有众多工程师与研究实验室的公司更适合采取符合效果逻辑的各种方式，而以市场为基础的公司则与市场需求的关系更加紧密，因此更适合随手取材的方式。不过，公司也必须拥有足够的调整空间——解读并适应市场需求与拥有技术能力是创业成功的核心要素。

在太空旅行方面，登月之行就可以被看作一个随手取材的例子，它受到了约翰·F.肯尼迪（John F. Kennedy）的愿景的启发。航天飞机计划与国际空间站计划起源于太空计划，体现了效果逻辑的作用，而且商业太空旅行也受到了 XPRIZE 竞赛的推动，这在很大程度上体现了随手取材的方式。

时间与可预测性

在我与奥列克西·奥西耶夫斯基的研究中，我们发现了两种截然不同的、有影响力的调节因素，当战略决策者进行决策以执行战略行为时，这两个调节因素会施加影响。其一是时间压力，或者叫作应对的紧迫性。简单来说，如果决策者或企业家觉得颠覆性替代产品或服务的威胁不会马上来临，但同时又觉得它有可能且有能力改变游戏规则，那么管理者为了寻求创业机会，可能会对资源进行配置。但是，一旦时间压力越过了某个临界点，这种紧迫感就会马上减少。这一结果有点违反常理，因此我希望你们能够有效地接受这一点以及这一逻辑。

还记得录像带租赁公司百视达公司吧？如果你住在北美而且年纪超过 20 岁，那你就应该知道这个公司。它曾在录像带租赁市场中处于无可争议的领先地位，其录像带租赁店网络覆盖整个北美地区。但是在之后，里德·哈斯廷斯（Reed Hastings）出现了。他曾经是一个数学老师，已经成功创立了一家科技公司。他从百视达租了一盒电影录像带，打算好好地享受一下生活。讽刺的是，电影就是朗·霍华德（Ron Howard）导演的《阿波罗13号》。回到正题，哈斯廷斯归还录像带的时候已经超出租赁期，因此他面临一笔高额的滞纳金。于是，他决定挑战百视达的租赁模式，借助科技的力量对其进行颠覆。即使你不了解奈飞的起源，那你也应该知道奈飞现在做的是什么。今天，奈飞已经成为领先的流媒体家庭视频内容提供商。

哈斯廷斯最初采用的模式就是用邮寄的方式来递送DVD。当哈斯廷斯以这种方式开始他的事业时，百视达的高管们或许忍不住笑了出来。当时的分析师对奈飞最好的评价就是，按照他们的估计，如果哈斯廷斯能把奈飞卖给百视达，或许公司就不会破产。当时的价值主张不包括冲动消费（因为DVD要经过两天才能邮寄给顾客），而且供给很有限，提供的电影也不一定是最新的，此外还有很多。在这样的价值主张之下，奈飞的颠覆性模式显得有些脆弱，因此也遭受了一些痛苦。但是，哈斯廷斯引入的是一种个性化推荐系统，这种系统可以帮助顾客找到他们喜欢的电影，而不用他们冒险进行尝试。此外，哈斯廷斯也百分之百免除了那些令人不快的滞纳金。

百视达从把奈飞视为一个笑话，到部分免除滞纳金，再到最后提供送货上门服务，在这一过程中，它在不停地追赶奈飞这个初创公司。奈飞的另一独特之处就在于它最初的模式实际上只是一个过渡性模式，在此期间，哈斯廷斯已使市场为在线流媒体做好了准备。他实际追求的并非DVD的租赁本身，而是客户基础。最后，百视达发现自己已被房地产的负担压垮，而奈飞却并没有这方面的问题。

这体现了可预测性这一关键因素的作用。在奈飞的设想中，未来人们的家中使用的都是电子设备，但百视达却没有这样的设想。百视达没有想到，当网络能够提供影片播放服务时，很少有客户会愿意去店里租影片看。这时就不得不提到经常对产品与服务加以改进的苹果公司。百视达为苹果公司（Apple TV）留下了机会，让它能够具备更加完整的愿景，并能够提供一定的可预测性。

当颠覆性初次危及在位企业时，在位企业应当立即采取行动。否则，时间一久，在位企业就会展现出僵化性，管理者们也会被竞争蒙蔽双眼，从而看不到其他的选择。也就是说，在位企业会变得越来越维护现有的模式。因此，过早地对新的竞争者置之不理并不是一个好主意。

好在经验是可以吸取的。如果管理团队等待的时间太长，那么考虑改变就会变得毫无意义。相反，首席执行官就像一位船长，他可能会意识到现在是马上要和船一起沉没的时候了。而且，在位企业也需要快速采取行动，要么选择一种有效的、符合效果逻辑的方式，要么设置一个大胆的愿景，通过随手取材来维护自己在竞争中的地位。在今天的商业世界中，竞争优势的丧失可以变得很快。

本章小结

本章的主要内容有：

1. 机会既可以是被发现的，也可以是被创造的。

2. 机会的发现与创造并不局限于部分拥有"创造力"的人，

人们可以通过各种框架与工具有目的地、系统地识别机会。

3. 创业文化体现了以下原则：（1）对公司内部的成功创业进行明确叙述；（2）接受失败；（3）促进和奖励学习；（4）支持在一定范围内进行风险活动的尝试（即至少不要在每个新的想法上都孤注一掷）。

4. 研究表明，有效的创业行为有赖于效果推理或者随手取材的方式。效果推理反映的是已知的手段与未知的目标。随手取材则体现了用手头所有的东西达成目标的方式——这是一种"东敲西打"的方法，也就是用手头所有的东西实现自己的愿景。

5. 紧迫感可以对创业动机施加强大的积极影响，也可以施加强大的消极影响。

6. 当公司向着一个明确的愿景前进时，可预测性或者自信的感觉能对创业意向发挥积极的推动作用。

第三部分

创业思维的
具体体现

第八章

工作中的双核处理模式

> 成功的创新者是保守的。他们不得不这样。他们并非
> 是"风险聚焦型"的，而是"机会聚焦型"的。
>
> ——彼得·德鲁克[1]

上面这段引自彼得·德鲁克的话并不长，但很深刻，很能够说明问题。可以确定的是，目前有大量证据证明从白手起家变为富豪的创业者——或者更确切地说，新企业的创立者——一般不认为自己是一个风险承担者。这主要有两个原因：（1）上述创业者没有足够的经验来深入了解这一点；（2）不断有观点认为，上述创业者的企业完全符合市场的需求，因此注定会成功。所以，从新企业的创立者的角度来看，德鲁克的这句话就变得容易理解了，但对于创业公司来说，情况又会如何呢？

当一个公司面临创业选择时，它需要用一些未知的、未经检验的和不可靠的事物来替换已知的、已经取得成功的事物。对企业创业来说，公司经营范围的扩大和侧重点的转变必然会带来风险。尽

---

[1] Peter Drucker. *Innovation and Entrepreneurship*. New York: Harper & Row, 1985:140.

管如此，上面这段引自德鲁克的话实际上针对的不仅仅是新创企业的创立者，它同样也适用于创业公司。

必须说明的是，在德鲁克看来，创业是一种包含创新性行为的"实践"。对他来说，创新也是一门学科、一种实践，而创业者在组织中发挥了重要的执行作用，以及推动与成功创业相关战略的作用。我还很喜欢德鲁克的另一句话，这句话来自于他的著作《创新与创业精神》的引言部分："探讨创新与创业精神事实上是高管们工作的一部分。"①

不同于通过个人性格与风险预测对企业家进行定义，上面这本德鲁克于 1985 年出版的书促进了将创业视为一种实践的研究。这本书关注了商界高管如何通过企业创业展现可持续性。他也看到了公司决策对战略管理的需求。德鲁克知道，管理学院最终能够厘清现有业务创业与需要战略管理以指导其他不断发展的业务之间的复杂关系。

然而，德鲁克坚持认为，最成功的创新者——其中也包括创业公司——更加注重机会而非风险。这也符合我对一些十分成功的公司的观察。

在本章中，我将对那些在成长与发展过程中采取创业思维模式的公司进行考察。然后，我会将观察结论整合起来，从而展现创业思维的各项因素对战略创业与公司长期的可持续性的推动作用。另外，我也会提到几个公共部门的案例，这些案例能够让读

---

① Peter Drucker. *Innovation and Entrepreneurship*. New York: Harper & Row, 1985: vii.

者看到，战略创业和创业思维的注入能让所有组织为不断变化的条件做好充分准备。

创业思维的案例

关于企业创业，一个相当独特的例子就是全球最大的模块地毯制造商英特飞对可持续性的大胆追求。英特飞是一家在纳斯达克上市的公司，该公司创始于1973年。英特飞在拓展模块地毯市场中采用的商业模式较为传统，其中涉及了地毯可以一块一块地铺而不用一卷一卷地铺这一观点。用户可以直接把严重磨损的部分换掉，而且模块地毯的设计会让替换的痕迹不那么明显。英特飞的创始人是雷·安德森（Ray Anderson），他是一位喜欢创新的化学工程师。

模块地毯本身就体现了一定程度的创新，但直到英特飞创建20多年以后，安德森才意识到创业思维与战略创业的强大力量。1994年，应客户的提问，英特飞的员工请安德森对公司在生态环境方面的愿景进行分享。数年后，安德森在一部纪录片中承认，他在此方面没有任何愿景，但同时又不愿意让自己的员工失望，于是他就在相关方面设立了愿景。他受到了保罗·霍肯（Paul Hawken）《商业生态学》（ *The Ecology of Commerce* ）的极大影响，尤其是其中"诞生的死亡"这一短语让安德森受到了很大的启发。用他自己的话讲，那一刻他"顿悟"了。

英特飞开始了一项大胆的战略计划，叫作"零废弃任务"

（Mission Zero™）。它体现了一个长期目标：到 2020 年，彻底消除公司对环境造成的负面影响。安德森表示，如果英特飞没有达到这一目标，他就会关闭公司。在《财富》杂志的采访和纪录片《解构企业》（*The Corporation*）中，安德森表示，持续破坏环境的商界领导者终有一天会被人们视为犯罪分子。我们之前似乎从未听说一家大型上市公司的首席执行官会将生态环境的可持续性看得比公司的盈利能力更重。

可以预计到的是，英特飞的股票价格几乎马上就下跌了。公司面临的压力不断上升，因为投资者们不了解安德森的新战略，他们也不清楚这对公司的长期生存意味着什么。但是，安德森对此很有信心，因为他相信经济与可持续性之间的协同效应。他从来没有接受过经济与可持续性之间的权衡论。作为一位拥有整体性思维的、真正的企业家，安德森看到可回收地毯实际上可以减少新材料的使用，同时也能保护环境、降低成本、提高利润率并扩大利润。为了更好地控制循环供应链，英特飞将销售模式转变为租赁模式，从而使旧地毯自动转变为新地毯的生产原料。宣布"零废弃任务"不久后，安德森的团队设计出了新地毯的生产流程。经此流程生产的地毯是百分之百可回收的。就这样，英特飞的规模持续扩大，并持续在行业中保持领先优势。公司的股票价格也回升了，而且他们继续将"零废弃任务"当作奋斗目标。目前看来，这一目标的实现概率已经大大提升。不幸的是，雷·安德森已于 2012 年去世，但"零废弃任务"的目标仍然保留了下来。下面这段话截取自公司网站：

之后会发生什么呢？在将来，我们希望自己的公司不仅能够改变业务，也能够超越当下的合作网络，帮助其他公司改变他们的业务。我们希望英特飞能成为一家促进恢复的公司，真正做到予多于取。相信凭借影响的力量，我们不仅能促进经济的恢复，也能促进环境的恢复。①

　　英特飞的例子体现了创业思维，十分鼓舞人心。在这个例子中，创业思维推动了企业创业，而企业创业又为公司带来了长寿与宝贵的财富。但是，这一切都有一个前提，那就是公司要进行清晰的、目标明确的战略管理。

　　纽柯钢铁的历史就算不是凌乱的，也算是成败参半的。但是，若非这段历史，纽柯钢铁公司不太可能成为北美最大的钢铁生产商。正如上一章所述，纽柯钢铁的前身是1905年由兰塞姆·E.奥兹创立的REO汽车公司。它最早是一家汽车制造商。而且，前面也提到该公司曾多次申请破产保护，但他们每次都找到了继续发展的勇气。我们在研究中特别感兴趣的是，纽柯钢铁如何通过挖掘钢铁行业中不被重视的部分，即小钢铁厂的钢铁生产，取得了巨大的成功。

　　1938年，第一次申请破产之后，REO汽车公司被迫放弃了日常乘用车的生产。它转而生产卡车，并最终从事国防用车的生产。1954年，朝鲜战争结束之后②，国防工业迅速衰退，REO汽车公司再

① 来自于英特飞的网站：http://www.interfaceglobal.com/sustainability/interface-story.aspx。
② 朝鲜战争实际结束于1953年7月，原文疑有误。——译者注

次发现自己资不抵债，需要申请破产保护。1955 年 9 月，股东集团注意到了较大的税收流失，于是控制权之争发生了。在一次反向收购之后，REO 汽车公司不得不接管一家叫作核顾问公司的小型公司，并将公司更名为美国核能公司（Nuclear Company of America Inc.）。由于希望成为一个企业集团，美国核能公司又将名字缩短成纽柯（Nucor）（这种做法在当时十分流行）。而且，公司也将总部从北卡罗来纳州迁往纽约，之后又搬往菲尼克斯，最后搬至佛罗里达州。一路走来，纽柯钢铁收购了多家公司，其中包括钢梁生产公司——Vulcraft 公司。对 Vulcraft 的收购使纽柯获得了两笔巨大的财富——对于钢铁制造的知识与激情，以及肯·艾弗森（Ken Iverson）。其余的情况大家都已知晓——艾弗森和首席财务官塞缪尔·西格尔（Samuel Siegel）密切配合，设计并改善了小钢铁厂的制造流程，几乎使整个钢铁行业发生了改变，并最终使纽柯成为北美最大的钢铁制造商。

艾弗森对以商品为基础的行业如何经历各个循环周期拥有敏锐的洞察。他承担了巨大的风险，收购了处于衰退阶段的公司与工厂，并在经济发展较好的时期储备了大量资金。最终，艾弗森几乎买下了所有与之竞争的大型公司。与此同时，更廉价的小钢铁厂的技术不断发展，最终能够生产出高质量钢材，并适用于最复杂、最精细的产品或结构中。从此，纽柯钢铁进入了预制建筑系统之中。

纽柯的故事无疑是令人惊叹的。从这个故事中我们能看到，纽柯创业真正成功的地方可能在于艾弗森建立的且秉承至今的企业文化。纽柯文化包含五个部分：去中心化的管理、基于绩效的报酬、平等的福利、客户服务与质量以及技术领先。纽柯在钢铁行业中较为独特的一点就是，其旗下的工厂或公司没有一家成立工会。纽柯的任何决定都是去中心化的，从而确保了更多的参与，而且，纽柯的福利也是平等的，报酬体系包括了组织各级的绩效工资。纽柯鼓励所有员工寻求创新的流程，以提高他们产品的成本效益和质量，并给予员工所做的努力以直接的回报。纽柯最近退休的首席执行官丹·迪米科（Dan DiMicco）还公布了纽柯最新的创新追求，即成为环保方面的领导者。2014 年，在纽柯工作了 20 年的员工约翰·费里奥拉（John Ferriola）接任纽柯董事长兼首席执行官，他承诺公司将继续秉承肯·艾弗森创立的企业文化。

　　吸引人的、开放的组织文化在进行企业创业的公司中十分常见，但没有哪家公司的文化比戈尔的公司的文化更独特。戈尔公司生产的是戈尔特斯面料及各种聚四氟乙烯相关产品。在技术岗位上工作 16 年之后，比尔·戈尔（Bill Gore）和他的妻子吉纳维芙·戈尔（Genevieve Gore）共同创立了这家公司。比尔和吉纳维芙的梦想是创立一个民主化公司，员工们不需要老板告诉他们该做什么，他们可以选择自己想做的项目，并自己组建团队。自 1958 年成立以来，戈尔夫妇以民主的作风经营自己的公司，并在 1967 年采用了自主发明的“网状组织”的架构，并将其正式化。和所有其他优秀的科学家一样，戈尔在《网状组织：企业哲学》（The Lattice Organization: A Philosophy of Enterprise）一文中展现了自己的想法，并于 1976 年

173

将这篇文章分发给戈尔的每位员工看。网状组织的出现证明了成功
可以在各种截然不同的组织形式中实现。自 1984 年以来，戈尔公司
每年都入围《财富》杂志评选的"全美最适合工作的 100 家公司"
名单。戈尔的员工必须恪守比尔·戈尔提出的四个基本原则，这四
个基本原则可见于戈尔公司的网站：

- 真诚公平地对待任何有业务来往的人士，而且这种公平是互
  相的。①
- 鼓励、帮助并促进同事增长知识，提高技能，积极承担起更
  多责任以及参加各种活动。
- 自行做出承诺并履行承诺。
- 在采取可能给企业带来严重损害的行动之前，必须征询其他
  同事的意见。

我们自然而然地会认为这些原则的适用对象是小团体，但是从
报告来看，戈尔公司的年收益高达 32 亿美元，员工人数逾 1 万人。
虽然网状组织的架构在一开始并不能让人信服，但它仍然可以发挥
作用，因为戈尔旗下的公司遍布全球 30 多个地区，而每家分公司的
规模只有200人左右。戈尔在公司的资料中是这样描述自己的文化的：

没有传统的组织结构图，没有指挥系统，也没有预先设

---

① http://www.gore.com/en_xx/aboutus/culture

定的沟通渠道。相反，我们彼此直接沟通，并对我们多学科团队的同事负责。我们鼓励亲自动手创新，并让那些与项目关系密切的人参与决策。团队围绕各个机会构建，领导者自然就会出现。

公平来说，戈尔公司还是加入了一些其他的架构要素，其中包括同事们选出的首席执行官，也包括四个部门的架构，每个部门又可分为几个聚焦于产品的业务单位。伦敦商学院教授、管理信息交换计划的联合发起人加里·哈默尔（Gary Hamel）对戈尔公司进行了广泛研究，认为它"完全属于原创，并能给予我们无尽的启发"[1]。

你可能会问，戈尔公司的员工要怎样对他们的行为负责呢？其实，戈尔员工的责任要通过与团队成员协商才能确定，他们许下的承诺也会被当作神圣的誓言来对待。每一年，公司的每位员工都会被20至30位同事评价。反过来，每位员工也需要对20至30位同事进行评价。每位员工需要对自己评价的同事进行排序。然后，公司会选出一个跨部门委员会。委员会对结果进行讨论，并评出第一等至第二十等的等级。员工的报酬会根据这些评定进行发放。领导者的位置则需要员工通过"自然地"对团队进行领导的方式获取。所有的员工都是这家私人持股公司的所有人。

上面这样的组织文化与体系使戈尔公司生产出了大量的（约

---

[1]　http://www.managementexchange.com/story/innovation-democracy-wl-gores-original-management-model

1000 种）创新型产品，可见其十分高产。这些产品大多数都是以聚四氟乙烯这一核心技术为根源的，其中包括戈尔特斯、医疗设备（人造血管）、吉他的琴弦及各类工业产品，工业产品又包括用于温布尔登体育场可伸缩屋顶的结构材料。

戈尔并不代表企业的常态，但就像 3M 公司一样，戈尔也颇有抱负。它拥有真正的创业精神，同时又具有战略性，规模庞大且仍在不断壮大。3M 公司和纽柯都已有 100 年的历史了，戈尔也已有 55 年的历史，但这三家公司仍具备创业精神，且还在不断成长。

3M 公司经常被人们视为当今时代最具创新性的公司之一。它的历史在其 2002 年发表的《一个世纪的创新：3M 的故事》（A Century of Innovation: The 3M Story）[①] 中记载得非常详细。从某种角度来说，在这里讨论像 3M 这样的公司有点老生常谈了，因为 3M 并不是一个传统意义上的公司。3M 公司以创新而闻名，因此人们自然就会把它视为一个创业型公司。尽管如此，了解 3M 公司具有创业精神的原因仍然能让人获益匪浅。

3M 公司成功的一大原因就在于公司为寻找新材料与新产品而进行了持续的研究和实验，这也符合使新的材料与产品机会相适应的需求。要做到这一点并不容易，而且它已使 3M 公司拥有了广泛的客户基础。此外还必须提到的是，有像 3M 这样声誉的公司也有助于个人价值的实现，因为那些渴望创新的人会被这样的公司所吸引。

在描述企业文化的时候，3M 公司认为自己拥有"对东敲西打

---

① http://multimedia.3m.com/mws/media/171240O/3m-coi-book-tif.pdf

的包容能力"。公司的 15% 法则极大地鼓励了员工，这一法则的内容是，员工可以将 15% 的工作时间用于做任何自己想做的事。该公司的百年经验曾被总结为一系列"经过实践检验的真理"。表 8.1 将部分真理与上一章所描述的创业思维联系了起来。表中所列的真理及其他总结出来的真理体现了创业思维的三大核心原则，即机会的发现和创造、对于强大的创业文化的需求以及遵循创新计划的能力与投入。

表 8.1 创业思维与部分 3M 公司的"经过实践检验的真理"

3M 公司的"经过实践检验的真理"	创业思维
给予好人机会，支持他们，并看着他们茁壮成长。	相信机会能被发现或创造。
"白色空间"是指未开发、有前景、3M 还未进入的市场。	
创新活动在不同小群体中迅速开展，这些小群体由具有奉献精神的人组成。	相信企业家驱动的组织文化能够推动探索。
最成功的创新者互相联系、交流、分享知识与问题。	
尽早协作，并经常协作。	
个人很难独自获得成功，在 3M 工作需要互相支持。	
3M 最成功的领导者承担了导师、倡导者、捍卫者的角色，有时甚至同时承担这三种角色。	
3M 各部门都尽可能地展现创新精神、专注于各自的客户。	
构思、相信、实现。坚持加上创造力与真诚，这仍然是获得长期成功的最好公式。	相信通过创业行为能够获得创业结果。
客户对产品的需求不应该等着让客户自己说，而应该由公司进行预测。3M 应该预测到客户还未感知到的需求，并改进产品、加以解决。	
长期的资本支持和耐心的员工能够促进一个好想法的诞生。	
在研发方面进行持续、长期的投资对于创新的成功至关重要。	

续表

3M 公司的"经过实践检验的真理"	创业思维
要对不同地方产生的创意保持开放的心态。	成长型思维模式。
不要让一种方式或方案蒙蔽了你的双眼。	
奋斗是成功必要的组成部分。	迭代的思想轨迹。
创新来自于个人的计划,而非仅仅听从指令。	
3M 采取的是全球化的战略,但战略的实施是在地方上进行的。	本地及远方的调查。
随机性和混乱都是创新的一部分。	基于试错这一信念的商业规划。
管理中"松与紧"的哲学在关键时刻平衡着创业行为与公司的一致性。	战略创业的基础。

　　另一个通过战略创业实现长寿的企业就是 IBM。IBM 是 1911 年由三家公司合并而成的。它最早叫作计算制表记录(Computing Tabulating Recording,CTR)公司。CTR 公司的产品种类众多,其中包括公司员工的计时设备、磅秤、自动切肉机、咖啡豆研磨机以及打卡设备。此后,IBM 至少经历了五次重大的、由创业驱动的转变:

● 1915 年,公司的新领导人老托马斯·沃森(Thomas Watson Sr.)相信,如果公司为员工提供良好的支持,公司就能营造出健康、有效的工作环境,于是他制定了许多有关企业文化的创新制度,例如开展员工教育活动、组建员工体育队。沃森还将计算制表记录公司更名为国际商业机器(IBM)公司,并提出了公司的口号:THINK。

● 在 20 世纪 30 年代的大萧条时期,IBM 扩大了规模,并孤注一掷,继续制造大量的计时设备,这让公司能够获得来自政府的订单。

● 在 20 世纪 50 年代后期，小托马斯·沃森（Thomas Watson Jr.）大胆提出："IBM 应规定在所有机器的开发中使用固态电路。此外，IBM 将不推出主要使用电子管电路系统的新型商用机器或设备。"[①] 对一个首席执行官而言，这的确是一个罕见的、大胆的倡议。该倡议宣告了 IBM 将应用颠覆性技术。这一大胆的举措为公司带来了 20 世纪 60 年代的"黄金十年"。在这十年中，IBM 在早期的计算机产业中占据了主导地位。

● 1981 年，IBM 再次发生了巨大的转变。之前，IBM 声称个人电脑不会取代大型计算机，但在这一年，IBM 在新兴的个人电脑行业占据了领导地位。IBM 另一个创业举措是放弃计算机组件垂直整合的标准化做法，允许微软提供操作系统，英特尔提供微处理器。

● 1995 年，新领导人路易斯·郭士纳提出了另一项大胆举措，放弃个人电脑行业，并创造了一个集技术管理、硬件、软件开发和咨询业务于一体的全新公司。

　　从许多角度来看，IBM 都是一个典型的战略创业公司：在公司中，战略管理的稳定性不断受到创业思想的审视，这使公司能够定期进行企业创业，从而突破稳定的道路，走上一条全新的轨道。特别需

---

① Emerson W. Pugh. *Buliding IBM: Shaping and Industry and Its Technology*. Cambridge, MA: MIT Press, 1995:230.

要注意的是，1981 年以前，IBM 从来不打算考虑往个人电脑行业发展。但是，IBM 对行业情况十分关注。德鲁克在 1985 年出版的《创新与创业精神》一书中提到，当 IBM 看到年轻人在早期的个人电脑上充满激情地玩游戏时，成立了一个工作小组，研发了 IBM 个人电脑。这款电脑比所有同类产品都要好。这体现了机会的发现。IBM 的企业文化不仅强调成长型思维模式，也强调实验的重要性。而且，IBM 也有信心能够贯彻自己的创业计划。

杜邦是另一个历经重大转变并实现了长寿的公司。它最早从事的是黑火药的制造，之后又升级到硝化甘油炸药的制造，然后又转而生产聚合物（其中最有名的就是尼龙），接着生产了特卫强和可丽耐，最近又开始生产农产品。杜邦成立于 1802 年，它是道指 30 家成分股公司中历史最悠久的一家。公司成立后的 100 多年里，杜邦的业务重点都放在火药和炸药的制造上。之后，由于政府发布了反垄断法令，公司的业务不得不随之做出改变，朝着多元化的方向发展。这使得公司成为有史以来最伟大的、以研究为导向的创业型公司之一。

思考公共部门中企业创业的例子也很重要。下面，我将与大家分享两个例子，这两个例子中的公司都是加拿大的公司，且这两家公司在我看来都是知名公司。

我住在卡尔加里市，它位于加拿大西部，人口大约为 130 万。与其他城市不同的是，这里只有一个公立教育局，这使得卡尔加里市教育局成了加拿大最大的教育局之一，管理的学生超过 11 万名。对于这样一个庞大而又具有多样性的教育局来说，应对该地区持续的人口变化和生命周期的变化是非常困难的。与此同时，由于教育局体系单一、市民非常富裕，私立学校的数量也非常多，而且规模还在不断扩大，而公立教育局又不希望让生源流失到私立学校去，所以他们面临着巨大的压力。他们必须有效地配置资源，并且确保学校各项设施的质量都处于较高的水平。

为了向卡尔加里市西南部富裕地区的儿童提供教育，卡尔加里市建立了中央纪念高级中学（Central Memorial High School）。长期以来，学校都面临着维持学生规模的压力。教育局官员也有点困惑，不知道将纳税人的钱用在高中教育上是不是最明智的做法。他们邀请了具有创新精神的校长杰夫·特纳（Jeff Turner）来领导这所学校，并请他实行一些能够增加学校对学生吸引力的措施。

杰夫请教新来的系主任有何想法。杰夫非常支持艺术。他不久就与美术系主任鲍勃·察迪科（Bob Chudyk）产生了一个共同的想法，即让学校专注于表演艺术课程。一直以来，除了文化课程，学校开设的都是美术课程，他们提议学校对课程进行重新考虑，并要求学校扩大规模，这包括雇用新的教职工，以及按照设想翻新教室。但是，这个提议很有新意，所以杰夫认为，为什么不这么做呢？

经过几番校内校外的尝试与磨难，新课程最终大获成功。课程甚至还吸引了众多私立学校的学生。令人意想不到的是，新课程甚至对学校的文化课也产生了巨大的影响。表演艺术为社会研究、数学、科学等学科注入了活力与创造力。新课程取得成功还表现在，为了应对来自其他学校、教育局和政府部门等的大量咨询，学校的管理部门不得不增派人手。当被问到为何这一课程会取得成功，杰夫和鲍勃指出了四个关键因素：

- 政治支持。这一支持来自于当地的理事南希·克洛斯（Nancy Close）。学校当时面临着持续的资源斗争以及与3R（即读、写、算）的优先次序有关的标准问题【今天，这一方面的问题可能表现为与"STEM"（即科学、技术、工程、数学）有关的争论】，因此，政治支持对于推动该计划的发展而言是至关重要的。

- 中层管理人员的领导。杰夫和鲍勃在学校都扮演着重要的角色。杰夫是整个学校的领导者。他展现出了对于表演艺术计划坚定不移的支持。鲍勃负责让这个计划发挥作用———年两次的舞蹈表演、音乐表演、戏剧表演、音乐剧表演以及视觉艺术表演对这个项目而言是至关重要的。这意味着所有地方都必须布置成舞蹈房和表演的舞台等。

- 组织文化。最初，学校文化课方面的教师对新课程并不太认可。但是，这些老师看到了学生们的活力与激情，于是，表演艺术课程慢慢地对其他课程产生了影响，表演艺术课程中的例子也经常被用来解释英语、数学和科学课程中的相关知识。

- 长远的眼光。从一开始，杰夫和鲍勃就非常强调可持续性。他们知道，项目的成功并不能依赖于他们个人，项目本身就应该具有可持续性。为促进可持续发展，他们提出了四个要点：

（a）对整个学校的愿景进行清晰的说明，其中包括可衡量的长期目标与短期目标。

（b）雇用拥有适当技能与激情的合适人选，让他们与那些缺乏激情的人密切合作，帮助这些人寻找到能吸引他们的选择，并帮助他们认识工会的环境。

（c）使整个团队保持高标准，从而达到目标。

（d）授权个人，促使他们发挥自身所长（尤其是那些除美术之外的特长），从而营造卓越的文化。

尽管杰夫和鲍勃都已经退休，但学校仍能吸引到极富创意与学术能力的学生。这标志着创业的成功——长期的可持续性和长期的发展。

中央纪念高级中学变化革新的故事也反映了 20 世纪 90 年代一系列的保健革新计划。我很幸运能够成为阿尔伯塔政府资助的研究团队中的一名初级成员，团队的研究内容是公共卫生保健系统中的创新。这一阶段中的许多研究成果都已发表，我很幸运地成为其中一项研究成果的合著者，研究的内容为如何通过创新来识别、启用和管理动态能力。"动态能力"是一个学术用语，它指的是管理的能力。动态能力借助于组织、金融和人力等各项资源与能力来重塑这些资源和能力，从而提高组织适应不断变化的环境的能力。从这个意义上来说，动态能力与创业思维之间存在着直接的关联：两者都属于执行的流程，都能驱动组织内部的创业。动态能力是一个更加通用的术语，反映了参与的各种形式，而创业思维关注的是一个以认知心理学和动机理论为基础的具体平台。

我们的研究重点是引进跨学科初级卫生保健诊所作为替代传统分娩的方法。这篇文章发表在顶级管理期刊《管理学期刊》（*Journal of Management Studies*）[①] 上。在我们的研究中，我们确定了可以在公共部门实施企业创业的三个主要阶段：

- 识别组织内部的潜在动态能力。简单来说，也就是确定新知识在历史上是如何在相关领域中被创造出来的。在医疗保健领域，这一过程主要通过控制实验得以实现。无论是通过接受教育还是通过与同事一起工作，医疗专业人员都对这种实验十分熟悉。在表演艺术领域，这一过程则通过准备和参与表演得以实现，考验了演员在公开表演时的能力。
- 实现动态能力需要经历两个次级阶段：（1）创造机会以让个人采取主动；（2）鼓励团队的发展和信任关系。这两个次级阶段都反映在 3M 和戈尔的真相或信念中，且在保健和表演艺术的案例中也都表现得十分明显。
- 中层管理人员在平衡前线工作人员之间的紧张关系中扮演着重要的角色，这些前线工作人员需要采取主动，并接受组织

---

① A.L. Pablo, T. Reay, J.R. Dewald, Casebeer. Identifying, Enabling, and Managing Dynamic Capabilities in the Public Sector. *Journal of Managament Studies*, 2010,44(5):687−708.

的指导和管理。

以上两个案例能够说明的有趣的一点是，非创业型组织——坦白来说，就是那些对创新不感兴趣的组织——是如何开展创业活动的。我们的研究描述了创业行为如何通过三个步骤在看上去是非创业型的组织中发挥影响。这三个步骤分别为：（1）识别潜在的但员工们熟悉的创新流程（在这里被称为动态能力）；（2）通过个人的主动性与团队合作来展现这些能力；（3）坚持处理好总部与分部的冲突。

此前，我对卡尔加里市另两家极富创业精神的公司做出了评价，这两家公司是 R&P 和第一能源（First Energy）。我知道的其他许多公司也会反复运用创业思维，并且其中大部分都因创新与企业创业而获得了大量成果。下面再举几个例子：

PHX 能源服务公司（PHX Energy Services Corp.）是一家提供水平定向钻探服务的跨国公司，创始人为约翰·胡克斯（John Hooks）。我有幸采访过约翰，他坚定地认为企业创业和创新能够推动企业文化的形成，使企业成功并实现长寿。近来，该公司的研发团队需要解决钻探信息的交流问题。钻探信息交流一般在电磁设备间进行，由于地层是不导电的，因此无法传递信息。于是，PHX 能源服务公司研发了信息的传递工具，很好地应对了挑战，也获得了独特的竞争优势。

在能源领域，通过对艾伯塔油砂进行水力压裂与原位开发，许多公司都实现了扩张。水力压裂这项技术是在加拿大被研究出来的，如今，这项技术使全球资源能力发生了变化，其中，发生在美国的变化最为显著。油砂方面的投资已超过 5000 亿美元，其中部分投资来自于埃克森和壳牌等大型跨国公司。一些独立的加拿大能源公司也冒着创业的风险在这个长周期、高风险、需要大投资的机遇中进行投资。其中发挥引领作用的就是穆雷·爱德华兹（Murray Edwards），他是加拿大自然资源公司（CNRL）的一位重要股东和关键战略分析师。

　　另一种通常由顶级大公司参与的项目就是市中心的办公楼建设。机构投资者包括加拿大退休金计划投资委员会（CPPIB）、安大略省教师退休基金会（OTPP）、不列颠哥伦比亚省投资管理公司（bcIMC）和阿尔伯塔投资管理公司（AIMCo）。卡尔加里的两家私营公司也运用创业思维，启动了大胆的计划。由罗恩·马西森（Ron Mathison）领导的 MATCO 投资有限公司投资建设了 200 万平方英尺（约合 18.6 万平方米）的第八大道广场，由斯科特·哈奇森（Scott Hutcheson）领导的阿斯彭房地产有限公司（Aspen Properties Ltd.）则参与了帕利瑟南部（Palliser South）的建设。

　　加拿大进步能源公司（Progress Energy Canada）是一家勘探与生产天然气的公司，首席执行官是迈克·卡尔伯特（Mike Culbert）。卡尔伯特意识到，将丰富的能源储备出口到亚洲急需能源的地区能为公司带来光明的前景。这一创业精神推动了加拿大进步能源公司与马来西亚国家石油公司之间的合作，并为加拿大进步能源公司争取到了财产权以建造北美第一个天然气液化与出口港口。

　　比尔·博格（Bill Borger）的家庭建筑公司已有近100年的历史。公司通过各种企业创业举措（横向或纵向的扩张）获得了成长，并争取让每一位员工参与博格创新币游戏（Borger Innovation Coin Game）。在这个游戏中，每位提出创意的员工都会被奖励一个金币，虽然这个项目只有短短几年的历史，但公司一半以上的员工都获得了这枚时尚的金币。这也体现了公司的核心价值：诚实、安全、尊重、人、创新、团队合作、协作。在2015年博格创新展结束之后，45项新创新项目得到了落实，还有4项专利也提交了申请。

　　上述例子都展示了利用具有创业文化的企业平台的力量。在表8.2中，我将用上一章中的创业思维动机理论的各个核心要素来解析这些例子，从而更加清晰地展现将现有公司中的资源优势与创业思维的力量相结合的重要性。

表 8.2 创业思维核心要素在各案例中的体现

公司/情景	描述	机会探索	文化的关键驱动因素	强调的过程	领导能力（愿景）	领导能力（执行）
3M	产品创新	寻找新市场	"东敲西打者"、15%法则	效果逻辑	不太重要	以市场为导向
英特飞	追求可持续性	拯救地球	拯救地球	随手取材	关键	关键，持续

续表

公司/情景	描述	机会探索	文化的关键驱动因素	强调的过程	领导能力（愿景）	领导能力（执行）
纽柯	简化到小钢铁厂	盈利能力	团队的焦点	随手取材	关键	存在，并且带来团队利益与共同利益
戈尔	组织创新、产品创新	网状组织	"众人的力量"、同事	随手取材与效果逻辑	关键（各层级）	没有老板
IBM1（1915）	企业文化	员工忠诚度	创新的实质	随手取材	关键	关键
IBM2（1935）	在萧条时期进行扩张	政府工作	扩张的优势	随手取材	关键	关键
IBM3（1957）	固态电路	变换核心技术	说出来！	随手取材	关键	关键
IBM4（1981）	个人电脑	个人电脑的发展	市场变革	随手取材	关键	较不重要
IBM5（1994）	向技术整合转移	独特的新理念	以研究为导向	随手取材	关键	较不重要
杜邦1（20世纪20/30年代）	从炸药到聚合物	反垄断	以研究为导向	效果逻辑	不太关键	存在问题
杜邦2（20世纪60年代）	从尼龙到麦拉片	持续的研究	研究与市场	效果逻辑	不太关键	存在问题（多样化）
杜邦3（21世纪初）	从产品到农业	持续的研究	研究的焦点	随手取材	关键	不太重要

续表

公司 / 情景	描述	机会探索	文化的关键驱动因素	强调的过程	领导能力（愿景）	领导能力（执行）
阿尔伯塔卫生系统	初级护理诊所	更高质量的护理	从实验中学习	随手取材与效果逻辑	很重要	一般重要
中央纪念	表演艺术课程	拯救学校	特殊学校	随手取材	很重要	一般重要
PHX 科技	研发	科技	优先进行研发	效果逻辑	很重要	一般重要
加拿大自然资源公司	重油	国家投资	大胆	随手取材	很关键	关键
MATCO	AA 级办公室	长期投资	市场知识	随手取材	很关键	重要
阿斯彭	A 级办公室	建筑能力	成长	随手取材	很关键	关键
进步能源公司	液化天然气港口	市场调控	关系	随手取材	很关键	重要
博格	扩张与文化	创新竞争	兼收并蓄	效果逻辑	重要	关键

表 8.2 显示了一些有趣的联系。首先，我加入了两列领导能力（愿景与执行）。从前面提到的理论与案例中可以看出，领导能力对于创业前的愿景设定与设立愿景后的执行而言相当重要。不足为奇的是，我们可以在表格中看到，公司通过随手取材来谋求发展与愿景式领导的关键作用之间存在着明显的联系。雷·安德森提出的拯救地球这一饱含激情的愿景、肯·艾弗森和戈尔夫妇对于团队公平与包容的承诺，以及沃森父子在引领 IBM 进行企业剧烈转型时做出的

坚定决策都有力地证明了这一点。

另一方面，我们也看到了效果逻辑与研究、实验、东敲西打等文化关键驱动因素之间的紧密联系。3M 著名的 15% 法则、戈尔员工 10% 涉猎其他领域的时间、杜邦早期的研究方向、阿尔伯塔卫生服务系统通过实验学习的方式以及博格创新币游戏都推动了基于效果推理的文化与企业创业。

总的来说，证据表明，强大的愿景能够推动随手取材的进程，而研究方向与创造力能够推进效果逻辑的进程。稍微有点复杂的是，有些情景同时存在两种方式。例如在戈尔公司中，民主性组织的愿景推动公司随手取材，实现组织创新，而"涉猎"的理念则推动了专注于产品的创业。又如，在阿尔伯塔卫生系统的情景中，高级别的愿景推动了以实验为基础的局部效果推理过程的建立。再如，在博格的情景中，高层的领导垂直扩展到了客户项目所有权的参与中去，同时又通过全员参与来推动过程的创新。这进一步证明，推动创业思维、创新和企业创业的最佳途径不止一条。从核心角度来看，当愿景式领导和随手取材的过程创造了能够拉动组织的令人信服的最终目标，或者组织的关注点与资源贡献驱使组织通过实验、涉猎和东敲西打等遵循效果逻辑的过程来推动创新时，企业是最高效的。

本章小结

本章的主要内容有：

1. 创业思维可以通过多种途径加以实现——下面是其中

的几种具体方式：

（a）运用战略布局图和有效的头脑风暴，系统地发现机会、创造机会。

（b）组织的文化需要接受失败、回馈努力、进行实验、具体学习，并且最重要的是要有积极性。

（c）执行能力可以通过两个被证实的创业方法——效果逻辑和随手取材——得到最有效的加强。

2．创业思维能够通过以下四个步骤在现有组织中加以执行：

（a）创立能够接受创业举措的组织文化。

（b）发现最适合你的组织的效果推理或随手取材的方式。

（c）参与机会的发现或创造的过程，并认识到个人自由与团队发展的需求。

（d）支持中层管理者管理个人主动性和个人自由之间的紧张关系，以及组织指导和组织控制之间的紧张关系。

第九章

成功创业的障碍

> 进步是一个不错的词，我们都喜欢使用这个词。但是，
> 改变才是进步的动力。改变也有自己的敌人。
>
> ——罗伯特·肯尼迪[1]

现实是残酷的，值得我们的注意：大多数创业计划是失败的。这在第二章提到的有关企业失败的研究中表现得十分明显，在公司创业中也表现得同样明显，甚至更加明显。鉴于不追求企业创业的公司最终会面临失败，公司最好能进行企业创业，哪怕已经认识到创业行为的障碍与陷阱。

高级管理研究所（AIM Research）是英国的一家机构，拥有逾250名致力于发展世界级管理研究的学者与研究人员。在2008年出版的《激进创新：做出正确的选择》（*Radical Innovation: Making the Right Bets*）[2]中，

---

[1] 出自 1965 年 5 月 25 日美国司法部部长罗伯特·肯尼迪在美国市长会议上的演讲，会议举办于纽约希尔顿酒店，http://www.justice.gov/sites/default/files/ag/legacy/2011/01/20/05-25-1964.pdf。

[2] 作者为约翰·贝赞特（John Bessant）、凯瑟琳·莫斯林（Kathrin Moslein）、安妮-凯特琳·奈尔（Anne-Katrin Neyer）、弗兰克·皮勒（Frank Piller）和贝蒂娜·范施塔姆（Bettina von Stamm）。此篇与另一篇执行简报可见于高级管理研究所网站：AIMresearch.org。

作者提出了反对激进创新项目的 12 个"借口"：

- "这和我们的业务无关。"这一派人可能会承认一个计划很有趣，但之后又会补充说，这个计划和组织的核心利益相距甚远，不值得对此进行投资。许多公司因为这一想法失去了再次发展的机会，其中就包括大英百科全书公司，它未能与多媒体 CD 和互联网相结合。克莱顿·克里斯坦森也提到了许多例子，例如汽油驱动的铲车未能安装液压装置。

- "这不能算一项业务。"也就是说，公司未能将一个创意视为一项潜在的业务。许多公司曾将这一点作为不投资脸书和推特的借口。（"这些公司是怎么赚到钱的？"）可能最富戏剧性的就要数弗雷德·史密斯（Fred Smith）的例子了。他在学期论文里提出了隔夜送达的服务，但教授认为这个想法是无法实现的。后来，弗雷德·史密斯就创立了联邦快递公司。

- "这对我们来说不够大。"成功的大企业每天都在同这个借口做斗争。高级管理研究所注意到，宝洁公司曾经想创建具有同星巴克相似规模的业务，这让公司很难对小的想法加以考虑，哪怕这些想法本身非常好。

- "这不是在这里发明出来的。"原创者的自豪感是一项重要的标准，对已经建立的大型企业而言尤其如此。史蒂夫·乔布斯的苹果公司大获成功的秘诀很少被人提及，那就是从公司外部寻求想法，并将其打磨成型，从而使之符合苹果公司的标准。iTunes、iPod 和许多其他的突破性产品最初只是别人的想法或产品，但最后都被乔布斯发现并买了下来。

- "这是在这里发明出来的。"这和前一个借口有所关联——公司有时会拒绝一个自己内部提出的有趣创意，因为公司认为这个创意发展的结果会比现有的优质产品差（这也就是之前提到的高档地位羁绊的结果）。

- "我们不能自相残杀。"据说，索尼音乐在苹果之前就具备了开发 iTunes 和 iPod 的实力，但由于这会对索尼的 CD 销售产生巨大打击，所以公司并未发展此块业务。

- "没坏为什么要修？"这在组织中是一个具有较强说服力的借口，也无疑是公司不采取创业行动的主要原因。需要提醒的是，我不希望读者认为，所有的创新或者创业计划都是好的。通常来说，不破坏那些完好无损的东西是比较稳妥的。在这一点上，并没有一条明确的规定，这里需要的是个人的判断。

- "英雄所见略同。"这个借口是趋同思维的体现。一个公司如果都是唯命是从的人，那么这个组织就会很容易被"英雄所见略同"的借口所影响。有效的领导应该要确保向下传达的观点是经过深思熟虑的，并能够受到员工的欢迎。

- "（现有的）客户不会或者不想要这个。"通过阅读克里斯坦森的《创新者的窘境》（*The Innovator's Dilemma*），我们能了解到创新者即使被客户拒绝也能将伟大的创意继续下去。这对整个世界来说是一个伟大的贡献（感谢克莱顿）。

- "这个我们之前从来没做过。"这是在位企业在行业新进入者或竞争对手呈现出其他创业选择时所做出的常见反应。当新的创业计划改变一个行业时，在位企业必须快速行动，或者退回去重新经历学习的过程。
- "我们做得很好。"企业执行委员会（见第二章）将这一借口称为"成功的陷阱"。
- "让我们建一个试点吧。"这可以归属到战略选择中，我们将在后面对此进行讨论。

选择不前进的原因有很多。为给发展中的创业企业提供一个框架或一份检查清单，我将这些障碍归为三类：

- 来自公司内部的阻力；
- 来自供应链内部的阻力；
- 来自客户的阻力。

来自公司内部的阻力

到目前为止，最大的障碍是来自于公司内部的对变革的抵制。

如今，在组织各级以团队的形式设立管理委员会是一种比较时兴的做法。管理团队可以是创业型的，但他们首先必须有效地发挥作用。帕特里克·兰西奥尼（Patrick Lencioni）的《团队的五种机能障碍：一个关于团队协作的经典管理寓言》（*The Five Dysfunctions of a Team: A Leadership Fable*)[1] 强调了团队对抗五种恐惧或焦虑的需要，它们分别是：

- 缺乏信任——团队成员必须学着信任其他成员的意图与行为。
- 惧怕冲突——团队成员必须学着互相沟通，并承认矛盾是应对难题、发现有效解决方案的一部分。
- 欠缺投入——团队成员必须对团队投入，而不是对个人事务投入。
- 逃避责任——团队成员必须负起责任，并对彼此负责。
- 无视结果——比起个人目标或者特定的部门目标，团队成员必须更加关注组织目标。

　　兰西奥尼的书抓住了五种机能障碍的本质，让读者看到每种机能障碍将如何进入他所在的组织中。我经常能看到，团队成员不认为自己的团队存在机能障碍，但这些团队并不会进行公开和真诚的辩论。这往往会导致"一票否决"的结果，也就是说，想法将向每个团队成员传达（最坏的情况就是通过电子邮件来传达），如果一个团队成员有消极的反应，那么这个想法就会被废弃。领导者往往认为他们具有开放的心态，能为团队成员提供咨询，但是新思想就其本质而言需要的是新的路径，所以对于想法的处理也并非一个简

---

[1]　Patrick Lencioni. *The Five Dysfunctions of a Team: A Leadership Fable*. San Francisco: Jossey-Bass, 2002.

单的过程。如果团队致力于整个组织的目标和方向，那么一票否决就是一种不合适的检验想法的形式。团队需要协同工作，这意味着他们需要在通话之前互相走动、进行讨论，而且可能还需要对想法进行重新构思。

金和莫博涅[①]是蓝海战略的提出者，他们针对在新想法的实施中组织有效性的研究非常有价值。他们的研究概述了组织做出改变时需要跨越的四重障碍：（1）认知障碍；（2）资源障碍；（3）激励障碍；（4）政治障碍。金和莫博涅将这一框架称作"引爆点领导法"。这可能会让人感觉有点困惑，因为这一术语是借由马尔科姆·格拉德威尔的《引爆点：如何引发流行》（*The Tipping Point: How Little Things Can Make a Difference*）这本畅销书流行起来的。令人感到好奇的是，金和莫博涅的文章发表于2003年，但他们并未提到格拉德威尔在2000年出版的这本书，而他们使用的术语却又是一模一样的。

通过访问格拉德威尔的网站（Gladwell.com），我们发现他将引爆点描述为"一种想法、趋势或者社会性行为如同野火一般越过界线并蔓延开来的奇妙时刻。就像一个病人就能引发一场流感一样，一个微小而目标明确的推力也能引发一种流行趋势，带来新产品的流行或者犯罪率的下降"[②]。

金和莫博涅则写道："引爆点理论非常有名，可以追溯到流行病学领域，它体现了这样一种深刻的观察：在任何组织中，当数量

[①]　W. Chan Kim, Renée Mauborgne. Tipping Point Leadership. *Harvard Business Review*, 2003,81(4):60–69.

[②]　http://gladwell.com/the-tipping-point

达到临界规模的人们以信心和能量感染了整个组织而行动起来去实现一个创意时，创意就会像流行病一样传播开来，并很快就会带来根本性的改变。"

上面两种描述非常相似。更加令人震惊的是，金、莫博涅和格拉德威尔都将纽约市警察署在警务专员比尔·布拉顿（Bill Bratton）领导下进行转型的案例作为引爆点转变的重要例子。两者之间的不同之处在于格拉德威尔对于现象的研究更有侧重点：不同角色如何做出回应，是什么吸引了最早采纳创意的人，等等。金和莫博涅则提供了一个高度结构化的框架，它包含了对参与者的理解，只有这些观点才能对领导者产生影响。由于这一框架能够更好地讨论组织内的领导者与管理人员如何取得进展、实现创业性的发现与创造，所以我在上面提到的是金和莫博涅的四重障碍的框架。

第一重障碍是认知障碍——这种认知障碍指的是团队成员一般看不到变革的需求。这关系到组织的愿景，也关系到从千里之外看到组织发展方向、市场发展方向以及科技发展方向的能力。高管的眼界（或者在某些专业领域中专家的观点）来源于重要的分析与数据的收集，而这些是无法与所有需要参与支持新计划的团队成员共享的。认知障碍是一种简单的、每天抗拒改变的阻力，关于这个话题的研究有很多。从实践的角度来说，领导者是做什么的呢？

为应对认知障碍，金和莫博涅建议将阻力与待解决的问题放在面对面的情景之中——例如，与做出了创业选择的客户面对面交谈，这些客户可能会分享一些故事，例如银行的经理被迫要排队等待出纳员，监察员被迫要在崎岖的路上开一辆小汽车、坐公交车、使用公司的产品，等等。他们认为，领导者通常会用数据或预测、威胁的手段来应对改变的阻力。但是，除非团队成员真正理解并跨越对变革的认知障碍，否则这些手段很可能会失败。只有人们正视问题，并寻找创造性的方法，从客户的角度来看待问题，问题才能真正得到解决。

　　第二重障碍是资源障碍，这可以通过重新设置优先等级加以解决。这就需要来自上层的坚定的领导、可用的闲置资源或未使用的资源，或者重新分配或交换资源的能力。在大多数情况下，资源障碍需要寻找方法以对新的计划进行投资，不使用额外的资源就达到一个引爆点。金和莫博涅提供了许多工具来应对资源障碍，其中包括精明的交易和热点的发现。精明的交易涉及将未充分利用的资源作为讨价还价的筹码与其他部门进行交易。而热点的发现则是指，管理人员可以将资源集中在最需要的领域。例如，比尔·布拉顿把毒品部门视为工作的重点，所以他从其他部门抽调资金，使毒品的"热点"得到了控制——这也是纽约市警察署一次早期的成功经验。金和莫博涅最伟大的理论贡献就是战略布局图，而战略布局图中最核心的内容就是资源障碍。战略布局图是一种工具，用于评估特定的客户选择因素之间资源的相对密集程度。战略布局图一旦制定出来，战略家就需要评估哪些因素会导致资源的冗余，因此是可以减少或消除的，并利用这些闲散资源来创造或引发新的因素。例如，当西南航空在得克萨斯州引入点对点航班时，他们取消了座位的预订和分配、飞机餐、机舱内的等级差别及机场休息室等功能与服务，他们也选择了较为低级的机场（他们选择了达拉斯爱田机场而非达拉斯沃斯堡国际机场），并减少了飞机的种类（他们只选择了波音737）。在此过程中，西南航空发现了大量的闲散资源，并将这些资源配置到热点之中，如频繁的航班、低票价、可靠的时间表等。西南航空的创业行为创造了一片蓝海。"蓝海"这个术语非常有名，金和莫博涅用它来指没有竞争的市场空间。西南航空公司因为发现这片蓝海而在约40年后的航空业中仍然占据了主导地位。

激励障碍则属于另一种类别。它涉及的不再是想法或理论的转变，它需要的是来自于内部的变革。团队成员需要加入、支持并积极参与变革。你是如何激励团队支持变革的呢？金和莫博涅强调，粗略的激励因素是无效的；相反，要让变革成功，需要找到关键意见领袖，并让他们参与到变革中去，让其他成员关注这些意见领袖，以展现变革带来的好处。以与关键影响者合作来激励他人是一种方法，但这需要对组织文化有透彻的了解。上一章强调了创立能够鼓励创业计划与创业行动的开放性文化的重要性。在这样的文化中，领导者必须警惕对信息的发送进行"操纵"的做法，并且应该寻找真正相信创业计划并支持创业行动的人。领导者应该将关注点转向早期的采纳者与支持者。

鉴于主要受效果逻辑驱动与主要受随手取材方式驱动的区别，跨越激励障碍的过程也不尽相同。正如前面所讨论的，效果逻辑是由发明和进阶式创新所引领的一个发展过程，而随手取材则与强烈的最终愿景的关系更为紧密，但它对如何实现愿景的了解是有限的。

如果创业更多地受到效果逻辑的驱动，那么领导者就需要给予创业的捍卫者以支持，并从组织的其他地方寻求支持，从而帮助捍卫者取得进展。至于随手取材的方式，其核心就在于寻找关键的影响者，或者更有可能的是寻找在整个组织中拥有合法权力的人，他们可以让他们影响下的次级团队看到追求长远目标的价值。

最后就是政治障碍，它很复杂，也拥有多个维度——确实，它和其他几个障碍完全不同。简单来说，为追求企业创业，你需要拥有在组织内手握重权的朋友，通常也需要拥有在组织外手握重权的朋友。对此，金和莫博涅提出了三种不同的策略：

天使是那些最能从创业计划中获益的人，因此，尽早与天使建立同盟，告诉他们每一步的进展，并让他们参与其中，是十分关键的。天使们可以形成一个非正式的咨询委员会，向领导提供建议，同时留意组织内否定者和反对派的发展。

恶魔是那些认为自己会在创业计划中蒙受最多损失的人。需要注意的是，这一损失通常只是一种预感，而非实际的损失。对许多人来说，要想改变是非常困难的，团队成员通常认为自己会在改变中蒙受损失，但其实并没有数据或信息来支持他们的这种判断。"恶魔"这一术语对我而言有些刺耳。金和莫博涅建议找出那些觉得自己会受损失的人，将他们隔离起来，了解他们担心的问题，并单独、系统地解决这些问题。

谋士是政治上的精通者，他们是受人尊重的内部人士，他们可以识别雷区，并告诉领导者可以在哪里关注激励的影响，以及哪里可能需要进行资源的配置，从而应对那些针对改变的潜在挑战。

我很喜欢金和莫博涅的框架，因为这一包含四个层级的模型非常方便记忆（认知障碍—资源障碍—激励障碍—政治障碍），且又非常全面。它提醒了我们创业是一项团队活动，由于创业家（尤其是创业企业）在现有工作环境中拥有权力，因此他们必须自己参与创业，并尽量争取团队成员的支持，从而确保能够取得成功。

获得供应商的加入

组织是无法独自运营的，因此，获得供应商与客户等关键利益相关者对新的创业计划的支持是至关重要的。沃顿商学院的马歇尔·费舍尔（Marshall Fisher）研究了产品创新中供应商的角色，并发现在推出一款创新型产品时，更换供应商能够为企业带来好处。对一些人来说，这种做法亵渎了职场，因为供应商的忠诚度往往深深地植根于战略联盟的形成（并不仅仅是合同上显示的供应商和经营者之间的关系）。合作可能是制订创业计划的关键，但公司如果不遵循费舍尔的建议，那么就可能会面临意想不到的后果。[①]

我的个人经验与费舍尔的建议一致。20世纪90年代，我在一家对社区进行总体规划的房地产开发公司担任董事长兼首席执行官。我们在住宅基地的重新布局方面进行了构思，减少了深度并增加了宽度，从而提供了更实用的住宅设计、更好的街景以及更多的

---

① M.L. Fisher. What is the Right Supply Chain for Your Product. *Harvard Business Review*, 1977,75(2):105−116.

后院空间。这个构思在其他方面都很完美，唯有一点不足，那就是这个构思是新的、未经检验的，它改变了业内的传统做法。我们是一家土地开发公司，我们的商业模式就是开发住宅区或者住宅基地（修建公共设施和马路等），然后将开发后的住宅基地出售给住宅建筑商，所以住宅建筑商在某种意义上就是我们的客户。但对于住宅的主人（最终客户）来说，这些住宅建筑商只是我们的联合供应商。我们努力将新的设计方案推销给我们的建筑商伙伴，但是我不认为他们会协助我们，接受我们对于样板房设计和建造的想法。这种在投入方面的缺乏在很大程度上会破坏计划：客户会发现公司在投入方面的缺乏，这导致了销售的滞缓，而公司最终只能将该构思做放弃处理。

　　为什么我知道这其实不是一种真正的失败呢？因为在我们为了自己的创新结果而努力争取的时候，一家叫作 Mattamy Homes 的小型建筑商在距我们开发地区 2000 英里（约合 3219 千米）的加拿大中部地区产生了同样的想法。这家公司决定整合所有供应链业务（换句话说，他们不仅参与土地开发，也从事房屋的建造），从而在创业活动和创新型产品的提供方面投入充分的精力。在之后的 10 年，Mattamy 不断推广创新型住宅区和房屋设计，并最终成为加拿大最大的建筑商。供应商的投入程度也是决定公司的创业成功与否的关键因素。顺便提一个有趣的现象，大约 20 年之后，Mattamy 的竞争对手仍然拒绝采用他们的模式（就像其他航空公司仍然拒绝采用西南航空的商业模式一样）。我建议大家通读上面的 12 个借口，并观察你所在的公司使用这些借口的情况——这一做法有利于公司的发展。

费舍尔展现了一个简单的、逻辑缜密的框架——产品是多种多样的，供应商亦是如此。所以，我们要把创新型产品与"积极响应的"供应链联系起来，将功能型产品与"高效的"供应链联系起来。为了解决一般的供应链服务商的担忧，公司应该向他们保证，一旦开发完成，创新型产品将得到高效的供应链的最佳服务，但是在开发阶段，供应链的响应能力是至关重要的。

来自客户的阻力

毋庸置疑的是，处于主导地位的是客户。他们可以等着诱人的报价送上门来，然后决定接受或者不接受。与此同时，公司和供应商在产品与服务的提供方面也投入颇多，希望能够以此来吸引客户。正如上文提到的，克里斯坦森最初"恍然大悟"，意识到公司放弃一些顶级的创新与创业计划只是因为客户说他们不想要这些。就这一点而言，香港城市大学的研究者发现，供应商的参与极大地提高了质量，增加了可靠性与新产品的创新性，影响了上市时间，但客户的参与对质量与可靠性的影响仅占了很小的一部分。①

客户往往坚定地属于"向我证明"这一阵营，所以在追求创业计划与创新型产品及服务时，一般来说，最好的做法就是寻求新的

---

① H. Sun, H.K. Yau, E.K.M. Suen. The Simultaneous Impact of Supplier and Customer Involvement on New Product Performance. *Journal of Technology Management and Innovation*, 2010,5(4):70-82.

客户。对于颠覆性创新尤其是这样，因为这些产品或服务的特性包含了有利于不同因素的新型组合（例如，奈飞不收取滞纳金，但他们却不会在各地设立店铺，从而缺乏便利性）。即便如此，理解“新企业劣势”（Liability of Newness）这一概念十分重要。这一术语由亚瑟·斯丁奇科姆（Arthur Stinchcombe）提出，充分展现了新想法在初次呈现出来的时候遭受失败的风险是最高的，随着时间的推移，劣势会慢慢减少。

有关新企业劣势的研究表明，客户对充分理解新产品或服务的技术优点不太感兴趣，但他们会寻找可以信赖的因素来支持这些创新举措。因此，创业公司必须寻求方法为产品或服务赢得信赖与信任。为实现这一点，公司可以建立支持联盟、寻求声誉良好的公司的背书、建立较大的数量规模，并运用折扣与赠送样品等方式来树立市场形象。

总的来说，公司必须知道，创业计划中客户的参与不一定对产品或服务的改进以及客户支持的获取有利。事实上，克里斯坦森等学者表明，客户的参与甚至还可能会导致意想不到的毁灭性的结果。相比之下，更好的做法可能是与客户建立更直接的联系，成功地履行责任，从而与客户建立起信任的关系。

可选择性的问题

迈克尔·雷纳写了一本非常出色的书，内容涉及风险悖论／奖励的权衡。在这本书里，他总结道，组织最好的前进方法就是让领导者采取战略性的选择，以此不断对创业计划进行测试，并在同时坚持公司的战略重点。[①]从理论上来说，这一观点十分可靠，也很符合纳西姆·尼古拉斯·塔勒布的建议，即公司和企业家会追求可选择性，以此来建立反脆弱体系。但是，投入仍然比可选择性重要，否则公司就会走向失败。

在我的房地产开发和房屋建筑行业的早期经验中，可选择性就像一个死亡之吻，看似有利却会导致失败。我们公司提供了新住房和新住宅区的可选择性，但 Mattamy 并没有提供这样的选择机会——它展现了对创新的充分投入，这就取消了团队层面 / 员工层面的可选择性。这对客户来说非常有吸引力，因为这种做法建立了必要的信任与发自内心的信念，能够克服新企业的劣势。而且，为了防范供应商不响应的风险，Mattamy 公司整合了土地开发与房屋建造的业务，垂直控制了供应链。这一行为实际上减少了供应商层面的可选择性。这就是说，如果在功能可靠的产品（即使这些产品的利润更低）和创新性产品之间进行选择，供应商、客户和所有其他利益相关方（投资人和雇员等）都会选择已知的选项。这就是费舍尔建议公司为创新型产品寻找新的供应商时所指的内容。可选择性只有在较高的企业层面完全受到控制（比如做市场基础测试）时才是有效的。

可选择性在追求创业行为时并不是一种规避风险的方法。事实

[①] M.E. Raynor. *The Strategy Paradox: Why Committing to Success Leads to Failure and Whta to Do about It*. New York: Currency Doubleday, 2007.

上，它对公司的动机、关注点等产生质疑，因此引入了新的风险。如果将可选择性作为与新产品或新服务相竞争的方式，那么它实际上会让新的行业进入者受益。

我们不妨考虑一下零售业中仓储会员店的引入。沃尔玛先是对普莱斯会员店（Price Club）感到十分焦虑，接着又对好市多（Costco）感到十分焦虑，这是因为在这两家公司所采取的商业模式中，销售商品产生的利润还没有收取的会员费多。换句话说，这两家公司会降低商品的利润，并通过招徕会员来获取收益（目前约为每年 20 亿美元）。沃尔玛担心这种商业模式可能会对行业造成颠覆，于是它做出了名为"山姆会员店（Sam's Club）"的战略选择。可以说，山姆会员店并未扩大沃尔玛的影响力——事实上，山姆会员店的收益大概仅占到企业销售额的 1/10。但是，沃尔玛的选择体现了仓储会员店的合理性，也体现了对好市多模式的认可。如果一个模式能令全能的沃尔玛担心到对其进行复制的地步，那就说明这个模式肯定很好。而且，好市多的成功公式中还存在劳动实践、供应链安排等其他独特的元素，因此山姆会员店很难完全模仿好市多，而其结果就是形成了一个相对低效的模仿模型，可以说，这种做法推动了好市多的发展，但损害了沃尔玛的传统模式。

可选择性是值得考虑的，但不一定能带来成功。可选择性必须在对竞争对手、客户、员工和供应商的影响方面进行探索。采取行动之前，综合分析是必不可少的。

📎 **本章小结**

本章的主要内容有：

1. 企业创业的障碍对决策的影响是巨大的、重要的。本章讨论了三个角度的障碍：

（a）来自公司内部的阻力；

（b）来自供应链内部的阻力；

（c）来自客户的阻力。

2. 公司做出改变时会面临四重障碍，来自公司内部的阻力能够通过系统地应对这四重障碍加以克服。这四重障碍分别为：（1）认知障碍；（2）资源障碍；（3）激励障碍；（4）政治障碍。

3. 为克服来自供应链内部的阻力，公司可能需要为创业活动选择新的供应商。

4. 来自客户的阻力非常常见，克服这种阻力需要设置愿景、建立信任。

5. 可选择性并不是冒险创业的灵丹妙药。它可能会导致投入的缺乏，而这往往会阻碍公司取得进展。

第十章

结论性评论

改善就是改变，欲求完美就须经常改变。

——温斯顿·丘吉尔

现在，我们来到了本书的结尾。

我试图通过这本书证明的是，与传统的智慧相比，实现企业长寿的道路是充满矛盾的。例如，传统的观点认为我们生活在瞬息万变的时代，但我认为，我们正处于开发与商品化的浪潮之中，这波浪潮是缓慢地向下发展的，且很可能会朝着逐底竞争的情况发展。专家们将初创企业视为创业转型的核心力量，但我认为，运用现有组织的资源和能力进行企业创业是公司取得进展最有效的方式。学者们也研究企业通过持续竞争优势实现长寿的方法，但我认为，企业进行战略创业、采取灵活的方式并愿意尝试企业创业与改变，才是长寿之道。本章开头引用的丘吉尔的话非常具有启发性——"改善就是改变，欲求完美就须经常改变。"

本书就像一份行动倡议，我希望能以此使你对你的组织进行评估，并明确你所在组织的文化能否推动创新与创业。组织成员

会经常参与旨在发现机会或创造机会的活动吗？创新与创业活动
会持续受到具有远见的随手取材方式或者以研究为基础的效果逻
辑的驱动吗？你会用具有远见的领导方式或者以执行为重点的领
导方式来推动新的想法吗？你的组织能承受风险吗？你是如何解
决来自组织内部或外部的阻力的呢？让我来向你展示我们在学校
里做了哪些事情吧。

我们在做什么？

作为教育工作者，我和我的同事最担心的问题就是管理研究
和教育太过于注重效率，而非创新。为解决这一问题，我们商学
院已经采取了一些新手段，以期在两者之间寻找一个新的平衡点。
具体来说，为确保学生在他们的大学时代早期能学到重要的创业
技能，我们开设了创业思维的核心课程。令我感到骄傲的是，我
们学院和我们的老师都大胆应对这一挑战，将创业课程设定为必
修课，而非选修课。为顺利毕业，每位商学院的学生都必须学习
创业思维，以补充我们所教授的批判性思维。学生们也必须将这
两种思维模式主动地应用到学习中去，并用它们来解决生活中的
实际问题。

我们的课程为学生提供了一种全新的体验，我们采取了体验式
学习方式。140名活跃的企业家和成功的商业领袖也进入课堂，小组
学习的方式则让学生们学习如何进行团队合作（团队由我们进行选

择，而非由学生进行挑选）。课程还融入了"翻转"①课堂的理念。最重要的是，我们还设置了一项商业竞赛（奖金价值超过 10 万美元），学生们会因此意识到将自己的故事与投资者和利益相关者进行交流是十分重要的。这个强大的创新举措背后还蕴含着诸多能量，能真正为商学院的教育带来震撼性的影响。

我们的创业团队由第一支"教学"（与研究相对）教授领导，得到了加拿大皇家银行金融集团的财政支持，并致力于培养新创企业的企业家、社会企业家或者以企业为导向的企业家。我们有一个蓝丝带捐赠小组，并建立了亨特创业创新中心。顺便说一下，我们目前正在对商学院进行改革，并希望之后能将改革扩大到大学的各个角落。亨特创业创新中心主任的任期只有两年，他目前正设法将工程师、生物学家、医学研究者和环保人士——的确，涉及了各个学科——与创业思维、商业化和创新等力量联结起来。

我们的创业核心课程是指导我们的课程设计、推动学校进入 21 世纪中期的两个学科支柱之一。我们将学者、教练以及跨学科领导者聚集起来，组建了一支梦之队，由此形成了加拿大高级商业领导力中心（Canadian Centre for Advanced Leadership in Business）。该中心通过路径引导系统（Guided Path System™）让全体学生学习个人、团队、组织和社会层面的领导力。在每一层面，学生们都需要先进行自我评估，再学习新的知识，接着参与体验式实践，并进行记录

---

① "翻转"课堂的名字恰如其分地描述了一个强调学习而非讲课的教学过程。最常见的调整就是课程和作业的翻转——课程材料是通过视频的形式提供的，学生可以方便地进行使用，而课堂时间则用于项目、练习、讨论或者学生的演示。

或反思，从而确保学习和评估能够贯穿整个项目。

我非常有幸能够成为这个组织中的一员。我们的组织拥有大量具有奉献精神的专家，他们致力于开创新的道路，让我们的后代不仅知道如何提高效率，同时也具备足够的能力以引领变革、寻求并创造新机遇以推动社会的发展，由此让未来以创业为重点的公司能够受益。

请跟随我们的步伐。现在是时候让所有的组织将资源放在一旁，集中力量并有目的地推动创业精神、支持创业思维，并通过战略管理和战略创业之间微妙但又极其重要的平衡为组织的长寿做好准备。

这本书意在号召企业领导者、管理者和所有年龄段的管理学学生以热情与活力来追求企业的长寿。目前，创新正经历着范式的变化，往好了说，我们的企业部门适应这种创新的能力是未经证实的，往坏了说则是非常不成熟的（体现在互联网泡沫中）。通往企业长寿与公司可持续发展的道路需要创业思维能力，也需要接受创业文化、机会的识别、随手取材和效果推理的方式。我希望这本书能帮助你为你的组织找到创业精神和长寿的源泉。

图书在版编目(CIP)数据

你的公司需要来一次创业：企业长寿的秘诀 /（加）
吉姆·德瓦尔德著；郑罗颖译. — 杭州：浙江大学出
版社，2018.7
 书名原文：Achieving Longevity: How Great Firms
Prosper through Entrepreneurial Thinking
 ISBN 978-7-308-18108-2

 Ⅰ. ①你… Ⅱ. ①吉… ②郑… Ⅲ. ①企业管理
Ⅳ. ①F272

中国版本图书馆CIP数据核字(2018)第062645号

浙江省版权局著作权合同登记图字：11-2018-271

你的公司需要来一次创业：企业长寿的秘诀

[加]吉姆·德瓦尔德 著　郑罗颖 译

策划编辑	顾　翔
责任编辑	黄兆宁
文字编辑	於国娟
责任校对	丁沛岚　闻晓虹
封面设计	程　晨
出版发行	浙江大学出版社
	（杭州市天目山路148号　　邮政编码　310007）
	（网址：http://www.zjupress.com）
排　　版	杭州林智广告有限公司
印　　刷	浙江印刷集团有限公司
开　　本	710mm×1000mm　1/16
印　　张	14
字　　数	145千
版 印 次	2018年7月第1版　2018年7月第1次印刷
书　　号	ISBN 978-7-308-18108-2
定　　价	48.00元